人力资源管理建设发展与创新研究

史丽杰 薛文河 张运法 ◎著

中国出版集团 现代出版社

图书在版编目（CIP）数据

人力资源管理建设发展与创新研究 / 史丽杰，薛文河，张运法著. -- 北京 ：现代出版社，2022.4
ISBN 978-7-5143-9820-5

Ⅰ．①人… Ⅱ．①史… ②薛… ③张… Ⅲ．①人力资源管理－研究 Ⅳ．①F243

中国版本图书馆CIP数据核字(2022)第048764号

人力资源管理建设发展与创新研究

作　　者	史丽杰　薛文河　张运法	
责任编辑	田静华	
出版发行	现代出版社	
地　　址	北京市朝阳区安外安华里504号	
邮　　编	100011	
电　　话	010-64267325　64245264(传真)	
网　　址	www.1980xd.com	
电子邮箱	xiandai@vip.sina.com	
印　　刷	北京四海锦诚印刷技术有限公司	
版　　次	2023年5月第1版 2023年5月第1次印刷	
开　　本	185 mm×260 mm　1/16	
印　　张	9.5	
字　　数	225千字	
书　　号	ISBN 978-7-5143-9820-5	
定　　价	58.00元	

前　言

随着经济模式的不断更新，我们正在进入一个以智力资源的占有配置与知识的生产分配使用为生存手段的经济时代。伴随着这个新的经济时代的兴起，人力资源管理对企业的发展起到了举足轻重的作用。人力资源是企业经营发展的核心，现代企业的竞争归根结底是人才的竞争，也就是人才开发水平的竞争。企业的发展完全依靠高素质的员工来实现，因而，与企业其他的工作环节相比，人力资源开发更为重要，也更有挑战性。一方面，人力资源的创新要正确使用、学习、借鉴先进企业的经验，还要注重树立人才成本观念，既要注重投资回报，又要考虑人才投入的长远效应，不能为了节省成本资金而忽视对人才的引进、培养和使用；另一方面，要建立积极的人才培养模式，重视对员工的培训，建立完善的制度。

本书从人力资源管理建设与创新的角度出发，介绍了人力资源规划、工作分析与组织设计、员工招聘，阐述了绩效管理和薪酬管理的创新应用，最后对人力资源管理发展进行了探究。

本书论述严谨，结构合理，条理清晰，内容丰富新颖，具有前瞻性，不仅能为现代人力资源管理提供翔实的理论知识，同时能为当前的人力资源建设发展与创新相关理论的深入研究提供借鉴。

撰写本书的过程中参考和借鉴了一些知名学者和专家的观点及论著，在此向他们表示深深的感谢。由于水平和时间所限，书中难免有不足之处，希望各位读者和专家能够提出宝贵意见，以待进一步修改，使之更加完善。

目　录

第一章　人力资源管理概述

第一节　人力资源

一、人力资源的含义

（一）资源

按照逻辑从属关系，人力资源属于资源这一大的范畴，是资源的一种具体形式。因此，在解释人力资源的含义之前，有必要先对资源进行简要的说明。

《辞海》把资源解释为"资财的来源"。资源是人类赖以生存的物质基础，对资源从不同的角度有不同的解释，从经济学的角度来看，资源是指能给人们带来新的使用价值和价值的客观存在物，它泛指社会财富的源泉。自人类出现以来，财富的来源无外乎有两类，一类是来自自然界的物质，可以称之为自然资源，如森林、矿藏、河流、草地等；另一类就是来自人类自身的知识和体力，可以称之为人力资源。在相当长的时期里，自然资源一直是财富形成的主要来源，但是随着科学技术的突飞猛进，人力资源对财富形成的贡献越来越大，并逐渐占据了主导地位。

从财富创造的角度来看，资源是指为了创造物质财富而投入生产过程的一切要素。土地、劳动、资本是构成资源的三要素。马克思认为，生产要素包括劳动对象、劳动资料和劳动者，而劳动对象和劳动资料又构成了生产资料，因此，不论生产的社会形式如何，劳动者和生产资料始终是生产的要素。除了土地、劳动、资本这三种要素之外，还应该加上企业家精神。随着社会的发展，信息技术的应用越来越广泛，其作用也越来越大，现在很多经济学家认为生产要素中还应该再加上信息。目前，伴随着知识经济的兴起，知识在价值创造中的作用日益凸显，因此也有人认为应当把知识作为一种生产要素单独加以看待。

（二）人力资源

"人力资源"的概念最早出现于 20 世纪 50 年代彼得·德鲁克的《管理的实践》一书中。彼得·德鲁克认为，人力资源拥有当前其他资源所没有的素质，即"协调能力、融合能力、判断力和想象力"。经理们可以利用其他资源，但是人力资源只能自我利用——人对自己是否工作绝对拥有完全的自主权。彼得·德鲁克关于"人力资源"概念的提出，人事管理理论和实践的发展，以及后工业时代中员工管理的不适应，使人事管理开始向人力资源管理转变。这种转变正如彼得·德鲁克在其著作中所说的："传统的人事管理正在成为过去，一场新的以人力资源管理开发为主调的人事革命正在到来。"

显而易见，一个国家如果不能发展人们的知识和技能，就不能发展任何新的东西。从此，对人力资源的研究越来越多。到目前为止，关于人力资源的含义，学者们给出了多种不同的解释。根据研究的角度不同，可以将这些定义分为两大类：第一类主要是从能力的角度出发来解释人力资源的含义，可以称为人力资源的"能力观"，持这种观点的人占了较大的比例。代表性的观点有：①所谓人力资源，是指能够推动整个经济和社会发展的劳动者的能力，即处在劳动年龄的已直接投入建设和尚未投入建设的人口的能力。②人力资源是一个国家、经济部门或组织所能够开发和利用的，用来提供产品和服务、创造价值、实现相关目标的，所有以人为载体的脑力和体力的综合。③所谓人力资源，是指包含在人体内的一种生产能力，它是表现在劳动者的身上、以劳动者的数量和质量表示的资源，对经济起着生产性的作用，并且是企业经营中最活跃、最积极的生产要素。④人力资源是指社会组织内部全部劳动人口中蕴含的劳动能力的总和。⑤所谓人力资源，是指劳动过程中可以直接投入的体力、智力、心力的总和及其形成的基础素质，包括知识、技能、经验、品性与态度等身心素质。

第二类主要是从人的角度出发来解释人力资源的含义，可以称为人力资源的"人员观"。代表性的观点有：①人力资源是指一定社会区域内所有具有劳动能力的适龄劳动人口和超过劳动年龄的人口的总和。②人力资源是企业内部成员及外部的顾客等人员，即可以为企业提供直接或潜在服务及有利于企业实现预期经营效益的人员的总和。人力资源是指能够推动社会和经济发展的具有智力和体力劳动能力的人员的总称。

综合国内外专家学者的研究，人力资源是指那些体能、技能、智能健全，能够以各种有益于社会的脑力劳动和体力劳动创造财富，从而推动经济社会发展的人的总和。

二、人力资源的数量和质量

作为一种资源，人力资源同样也具有量的规定性和质的规定性。由于人力资源是依附于人身上的劳动能力，和劳动者是密不可分的，因此可以用劳动者的数量和质量来反映人力资源的数量和质量。

（一）人力资源的数量

1. 人力资源数量的计量

对企业而言，人力资源的数量一般来说就是其员工的数量。

对国家而言，人力资源的数量可以从现实人力资源数量和潜在人力资源数量两个方面来计量，潜在人力资源的数量，可依据一个国家具有劳动能力的人口数量加以计量。为此，各国都根据其国情对人口进行劳动年龄的划分，我国现行的劳动年龄规定是：男性 16~60 岁，女性 16~55 岁。在劳动年龄上下限之间的人口称为"劳动适龄人口"。小于劳动年龄下限的称为"未成年人口"，大于劳动年龄上限的称为"老年人口"，一般认为这两类人口不具有劳动能力。

但是在现实中，劳动适龄人口内部存在一些丧失劳动能力的病残人口。此外，还存在一些因为各种原因暂时不能参加社会劳动的人口，如在校就读的学生。在劳动适龄人口之外，也存在一些具有劳动能力，正在从事社会劳动的人口，如我们经常看到的退休返聘人员。在计量人力资源时，对上述两种情况都应当加以考虑，这也是划分现实人力资源与潜在人力资源的依据。

按照上述思路，可以对我国的人口构成作如下划分：①处于劳动能力之内、正在从事社会劳动的人口，它占据人力资源的大部分，可称为"适龄就业人口"。②尚未达到劳动年龄，已经从事社会劳动的人口，即"未成年就业人口"。③已经超过劳动年龄，继续从事社会劳动的人口，即"老年劳动者"或"老年就业"。以上三部分构成就业人口的总体，以往被称之为劳动力人口。④处于劳动年龄之内，具有劳动能力并要求参加社会劳动的人口，这部分可以称为"待业人口"，它与前三部分一起构成经济活动人口，即现实人力资源。⑤处于劳动年龄之内，正在从事学习的人口，即"求学人口"。⑥处于劳动年龄之内，正在从事家务劳动的人口。⑦处于劳动年龄之内，正在军队服役的人口。⑧处于劳动年龄之内的其他人口。

2. 影响人力资源数量的因素

由上面的分析可以看出，人力资源的数量受到很多因素的影响，概括起来主要有以下几个方面：

（1）人口的总量

人力资源属于人口的一部分，因此人口的总量会影响到人力资源的数量。人口的总量由人口基数和自然增长率两个因素决定，自然增长率又取决于出生率和死亡率，用公式表示如下：

人口总量 = 人口基数 × [1+（出生率 – 死亡率）]

（2）人口的年龄结构

人口的年龄结构也会对人力资源的数量产生影响，相同的人口总量下，不同的年龄结构会使人力资源的数量有所不同。劳动适龄人口在人口总量中所占的比重比较大时，人力资源的数量相对会比较多；相反，人力资源的数量相对会比较少。

（二）人力资源的质量

人力资源是人所具有的智力和体力，因此劳动者的素质就直接决定了人力资源的质量。人力资源质量的最直观表现，是人力资源或劳动要素的体质水平、文化水平、专业技术水平以及心理素质的高低、道德情操水平等。此外，也可以用每百万人口中接受高等教育的人数、小学教育普及率、中学教育普及率、专业人员占全体劳动者比重等经济社会统计常用指标来表示。

劳动者的素质由体能素质和智能素质构成。就劳动者的体能素质而言，又有先天体质和后天体质之分；智能素质包括经验知识和科技知识两个方面，而科技知识又可分为通用知识和专业知识两个部分，此外，劳动者的积极性和心理素质是劳动者发挥其体力和脑力的重要条件。

人类社会的发展历史表明，在人力资源对经济发展的贡献中，智能因素的作用越来越大，体能因素的作用逐渐降低；智能因素中，科技知识的作用不断上升，经验知识的作用相对下降。就现代专业科学知识和技术能力而言，存在着"老化"与"更新"速度不断加快的规律性。

与人力资源的数量相比，其质量方面更重要。人力资源的数量能反映出可以推动物质资源的人的规模，人力资源的质量则反映可以推动哪种类型、哪种复杂程度和多大数量的物质资源。一般来说，复杂的劳动只能由高质量的人力资源来从事，简单劳动则可以由低质量的人力资源从事。经济越发展，技术越现代化，对人力资源的质量要求越高，现代化的生产体系要求人力资源具有极高的质量水平。

从人力资源内部替代性的角度，也可以看出其质量的重要性。一般来说，人力资源质量对数量的替代性较强，而数量对质量的替代性较差，甚至不能代替。

三、人力资源与相关概念

（一）人力资源和人口资源、人才资源

人口资源是指一个国家或地区所拥有的人口的总量，它是一个最基本的底数，一切人力资源、人才资源皆产生于这个最基本的资源中，它主要表现为人口的数量。

人才资源是指一个国家或地区中具有较多科学知识、较强劳动技能，在价值创造过程中起关键或重要作用的那部分人。人才资源是人力资源的一部分，即优质的人力资源。

应当说，这三个概念的本质有所不同，人口资源和人才资源的本质是人，而人力资源的本质则是智力和体力，从本质上来讲它们之间并没有什么可比性。就人口资源和人才资源来说，它们关注的重点也不同，人口资源更多的是一种数量概念，而人才资源更多的是一种质量概念。

在数量上，人口资源是最多的，它是人力资源形成的数量基础，人口资源中具备一定智力资本和体能的那部分才是人力资源；而人才资源又是人力资源的一部分，是人力资源中质量较高的那部分，是具有特殊智力资本和体能的人力资源，也是数量最少的。

在比例上，人才资源是最小的，它是从人力资源中产生的，而人力资源又是从人口资源中产生的。

（二）人力资源和人力资本

"人力资源"和"人力资本"也是容易混淆的两个概念，很多人甚至将它们通用，其实这两个概念是有一定区别的。

1. 人力资本

关于人力资本的含义，被称为"人力资本之父"的西奥多·舒尔茨认为，人力资本是劳动者身上所具备的两种能力，一种能力是通过先天遗传获得的，是由个人与生俱来的基因决定的，另一种能力是后天获得的，由个人努力经过学习而形成，而读写能力是任何民族人口的人力资本质量的关键成分。人力资本这种体现在具有劳动能力（现实或潜在）的人身上的、以劳动者数量和质量（即知识、技能、经验、体质与健康）表示的资本，是需要通过投资才能够获得的。

2. 人力资源和人力资本的关系

人力资源和人力资本是既有联系又有区别的两个概念。

应该说，人力资源和人力资本都是以人为基础而产生的概念，研究的对象都是人所具有的脑力和体力，从这一点看，两者是一致的。而且，现代人力资源理论大都是以人力资本理论为根据的；人力资本理论是人力资源理论的重点内容和基础部分；人力资源经济活动及其收益的核算是基于人力资本理论进行的；两者都是在研究人力作为生产要素在经济增长和经济发展中的重要作用时产生的。

虽然这两个概念有着紧密的联系，但它们之间还存在一定的区别。

首先，在与社会财富和社会价值的关系上，两者是不同的。人力资本是由投资形成的，强调以某种代价获得的能力或技能的价值，投资的代价可在提高生产力过程中以更大的收益收回。因此劳动者将自己拥有的脑力和体力投入到生产过程中参与价值创造，就要据此来获取相应的劳动报酬和经济利益。人力资源强调人力作为生产要素在生产过程中的生产、创造能力，它在生产过程中可以创造产品、创造财富，促进经济发展。它与社会价值的关系应当说是一种由果溯因的关系。

其次，两者研究问题的角度和关注的重点也不同。人力资本是通过投资形成的存在于人体中的资本形式，是形成人的脑力和体力的物质资本在人身上的价值凝结，是从成本收益的角度来研究人在经济增长中的作用，它强调投资付出的代价及其收回，考虑投资成本带来多少价值，研究的是价值增值的速度和幅度，关注的重点是收益问题，即投资能否带来收益以及带来多少收益的问题。人力资源则不同，它将人作为财富的来源看待，是从投入产出的角度来研究人对经济发展的作用，关注的重点是产出问题，即人力资源对经济发展的贡献有多大，对经济发展的推动力有多强。

最后，人力资源和人力资本的计量形式不同。众所周知，资源是存量的概念，而资本则兼有存量和流量的概念，人力资源和人力资本也同样如此。人力资源是指一定时间、一定空间内人所具有的对价值创造起贡献作用，并且能够被组织所利用的体力和脑力的总和。而人力资本，如果从生产活动的角度看，往往是与流量核算相联系的，表现为经验的不断积累、技能的不断增进、产出量的不断变化和体能的不断损耗；如果从投资活动的角度看，又与存量核算相联系，表现为投入教育培训、迁移和健康等方面的资本在人身上的凝结。

四、人力资源的特点

（一）能动性

主观能动性是指人力资源的体力和智力的融合不仅具有主动性，而且还具有不断拓展的潜力。主观能动性表明人具有意识，知道活动的目的，因此可以有效地对自身活动做出选择，另外也表明人在各种活动中处于主体地位，可以支配其他一切资源。此外，人力资源的主观能动性还表明它具有自我开发性。在生产过程中，人一方面要发生自身损耗，更重要的是通过自身的合理行为，使自身的损耗得到弥补、更新和发展，其他资源则没有这种特性。最后，人力资源在各种活动中是可以被激励的，也就是说通过提高人的劳动能力和劳动动机来提高劳动效率。

（二）时效性

人力资源的时效性是指人力资源要在一定的时间段内开发，超过这一时期，可能就会荒废和退化。人具有生产劳动的能力，但是随着年龄的增长和环境的变化，这种能力就会随之发生变化。人在每个年龄段的工作能力都会有所差异，不及时使用和开发就会失去其固有的作用和能力。人的生命是有限的，劳动技能会发生衰退，智力、知识和思维也将发生转变。国内外多项研究表明，人现有的知识和技能如果不能及时得到应用和发挥，其积极性就会受到影响，增加人的心理压力，本身所具有的价值将无从实现。

（三）增值性

与自然资源相比，人力资源具有明显的增值性。一般来说，自然资源是不会增值的，它只会因为不断地消耗而逐渐"贬值"；人力资源则不同，人力资源是人所具有的脑力和体力，对单个人来说，他的体力不会因为使用而消失，只会因为使用而不断增强，当然这种增强是有一个限度的；他的知识、经验和技能也不会因为使用而消失，相反会因为不断地使用而更有价值，也就是说在一定的范围内，人力资源是不断增值的，创造的价值会越来越多。

（四）两重性

人力资源既是投资的结果，又能创造财富，它具有既是生产者又是消费者的两重性。人力资源投资的程度决定了人力资源质量的高低。研究表明，对人力资源的投资无论是对社会还是对个人所带来的收益要远远大于其他资源所产生的收益。

（五）社会性

自然资源具有完全的自然属性，它不会因为所处的时代、社会不同而有所变化，比如，古代的黄金和现代的黄金是一样的，中国的黄金和南非的黄金也没有什么本质的区别。人力资源则不同，人所具有的体力和脑力明显受到时代和社会因素的影响，从而具有社会属性。

五、人力资源的作用

（一）人力资源是财富形成的关键要素

人力资源构成社会经济运动的基本前提。从宏观的角度看，人力资源不仅在经济管理中必不可少，而且是组合、运用其他各种资源的主体。也就是说，人力资源是能够推动和促进各种资源实现配置的特殊资源。因此，人力资源成为最重要和最宝贵的资源。它不仅与自然资源一起构成了财富的源泉，而且在财富的形成过程中发挥着关键作用。

社会财富由对人类的物质生活和文化生活具有使用价值的产品构成，因此自然资源不能直接形成财富，还必须有一个转化的过程，人力资源在这个转化过程中起到了重要的作用。人们将自己的脑力和体力通过各种方式转移到自然资源上，改变了自然资源的状态，使自然资源转变为各种形式的社会财富，在这一过程中，人力资源的价值也得以转移和体现。应该说，没有人力资源的作用，社会财富就无法形成。此外，人力资源的使用量也决定了财富的形成量，一般来讲，在其他要素可以同比例获得并投入的情况下，人力资源的使用量越大，创造的财富就越多；反之，创造的财富就越少。正因为如此，所以说人力资源是财富形成的关键要素。

（二）人力资源是经济发展的主要力量

人力资源不仅决定着财富的形成，而且是推动经济发展的主要力量。随着科学技术的不断发展，知识技能的不断提高，人力资源对价值创造的贡献度越来越大，社会经济发展对人力资源的依赖程度也越来越重。

（三）人力资源是企业的首要资源

在现代社会中，企业是构成社会经济系统的细胞单元，是社会经济活动中最基本的经济单位，是价值创造最主要的组织形式。企业的出现，是生产力发展的结果，而它反过来又极大地提高了生产力的水平。

企业要想正常运转，就必须投入各种资源，而在企业投入的各种资源中，人力资源是第一位，是首要的资源；人力资源的存在和有效利用能够充分激活其他物化资源，从而实现企业的目标。人力资源是保证企业最终目标得以实现的最重要也是最有价值的资源。21世纪是知识经济时代，是全球经济一体化的时代，是高新技术的时代，是竞争的时代。人力资源是知识经济时代的第一资源，人力资源还是企业生存和发展的必备资源。猎取稀缺的第一资源——人力资源，是各级各类组织发展的当务之急。

通过以上分析可以得知，无论是对社会还是对企业而言，人力资源都发挥着极其重要的作用，因此我们必须对人力资源引起足够的重视，创造各种有利的条件以保证其作用的充分发挥，从而实现财富的不断增加、经济的不断发展和企业的不断壮大。

第二节　人力资源管理

一、人力资源管理的含义

人力资源管理是指为了达到组织的总体目标，运用现代科学的技术方法，对人力资源获取、开发、整合和调控的过程，通过对组织的人和事的管理，协调好人与事的关系，处理好人与人之间的矛盾，充分发挥人的潜能。它包括人力资源规划、人员招聘与培训、薪酬体系的制定及绩效考核等方面。

二、人力资源管理的功能

这里需要强调指出，尽管人力资源管理的功能和职能在形式上可能有些相似，但两者在本质上是不同的，人力资源管理的功能指它自身应该具备或者发挥的作用，而人力资源管理的职能则是指它所要承担或履行的一系列活动，人力资源管理的功能是通过它的职能来实现的。确切地说，人力资源管理的功能是指它自身所具备或应该具备的作用，这种作用并不是相对于其他事物而言的，而是具有一定的独立性，反映了人力资源管理自身的属性。人力资源管理的功能主要体现在四个方面：吸纳、维持、开发、激励。

吸纳功能主要是指吸引并让优秀的人才加入本企业；维持功能是指让已经加入的员工继续留在本企业；开发功能是指让员工保持能够满足当前及未来工作需要的技能；激励功能则是指让员工在现有的工作岗位上创造出优良的绩效。

就这四项功能之间的相互关系而言，吸纳功能是基础，它为其他功能的实现提供了条件，不将人员吸引到企业中来，其他功能就失去了发挥作用的对象；激励功能是核心，是其他功能发挥作用的最终目的，如果不能激励员工创造出优良的绩效，其他功能的实现就失去了意义；开发功能是手段，只有让员工掌握了相应的工作技能，激励功能的实现才会具备客观条件，否则就会导致员工"心有余而力不足"；维持功能是保障，只有将吸纳的人员保留在企业中，开发和激励功能才会有稳定的对象，其作用才可能持久。

在企业的实践过程中，人力资源管理的这四项功能通常被概括为"选、育、用、留"四个字。这里，"选"就相当于吸纳功能，要为企业挑选出合格的人力资源；"育"就相当于开发功能，要不断地培育员工，使其工作能力不断提高；"用"就相当于激励功能，要最大限度地使用已有的人力资源，为企业的价值创造做出贡献；"留"就相当于维持功能，要采用各种办法将优秀的人力资源保留在企业中。

三、人力资源管理的目标

人力资源管理目标是指企业人力资源管理需要完成的职责和需要达到的绩效。人力资源管理既要考虑组织目标的实现，又要考虑员工个人的发展，强调在实现组织目标的同时实现个人的全面发展。人力资源管理目标包括全体管理人员在人力资源管理方面的目标任务与专门的人力资源部门的目标任务。显然两者有所不同，属于专业的人力资源部门的目标任务不一定是全体管理人员的人力资源管理目标任务，而属于全体管理人员承担的人力资源管理目标任务，一般都是专业的人力资源部门应该完成的目标任务，具体来说，这些目标任务主要有以下几个方面：

（一）获取并保持适合组织发展的人力资源

人才是企业最重要的资源，在日益激烈的商业竞争中，拥有比对手更优秀、更忠诚、更有主动性与创造力的人才，是构建企业差异竞争战略优势的宝贵因素。然而，人才资源始终是稀缺资源，随着社会的发展，人才的竞争也会越来越激烈。人力资源管理工作的首要目标就是为组织获取符合其发展需要的一定数量和质量的劳动力和各种专业技术人员，这是开展其他工作的基础，很多企业在吸引人才方面都不惜重金，投入巨大。

保持人力资源队伍的稳定性是人力资源管理的又一重要目标。近些年来，企业的人才流失率节节攀升。人才的流失不但会影响企业的正常运转，还会增加开支，降低工作效率。如果一个企业不能有效地留住优秀员工，久而久之，就会形成恶性循环：优秀的员工不断流失，而劣质的人才又占据着很多岗位，这将使企业无法接受新的优秀人才，对企业的发展极为不利。保持人才最主要的是提高他们的工资和福利，提供安全且舒适的工作环境和未来的发展空间，同时也要加强对员工的关怀及情感上的联系。

（二）提高组织效率或经营绩效，不断获取新的竞争优势

组织效率或经营绩效的高低与员工有着直接的联系。加强人力资源管理的目标就是通过提升员工技能、规范员工行为以及鼓励创新等方式改进员工的绩效，从而实现组织效率或经营绩效的提高。

获取竞争优势是企业发展的重要目标，这种优势的获取源于人力资源的优势。企业要通过人力资源的调控和整合来实现并不断获取新的优势，这种人力资源必须有其独特的价值，还要经过组织精心安排。因此，组织要不断获取新的竞争优势，就必须加强对人力资源的管理，通过招聘、培训、激励等手段，加强他们对企业文化的认同、对工作环境的适应以及对工作本身的喜爱等，不断提高员工的工作兴趣和心理满足感。

（三）塑造良好的企业形象

企业形象是指人们通过企业的各种标志和行为的认知，而建立起来的对企业的总体印象。企业形象是企业精神文化的一种外在表现形式，它是社会公众与企业接触交往过程中所感受到的总体印象。这种印象是通过人体的感官传递获得的。

员工形象是塑造良好企业形象的重要基础。员工的整体形象是企业内在素质的具体表现，要把培养有理想、有道德、有文化、有纪律的"四有"新人作为企业文化建设的重要内容；培养员工"干一行、爱一行、钻一行、精一行"的爱岗敬业精神；树立尊重知识、尊重人才的观念；创造一种有利于各类人才脱颖而出的环境和平等、团结、和谐、互助的人际关系，从而增强企业的凝聚力、向心力，以员工良好的精神风貌，赢得企业良好的社会形象和声誉。

（四）培育和创造优秀的组织文化

组织文化由其价值观、信念、仪式、标识、行为准则等组成。企业员工受组织文化的影响，同时也能反作用于组织文化。例如，高层管理人员的综合素质、行为举止要与组织文化保持相对的一致性，这样才能使文化得以传播与发展，否则，组织文化会在高层管理人员的影响下慢慢发生变化，并演变成新的组织文化类型。全体员工要认可组织文化本身的精髓，文化才能发展，否则，组织文化可能会发生变化，要么员工改变了文化，要么组织文化导致人员流失、运营艰难、企业倒闭。因此，优秀的组织文化对员工产生的是积极向上的正面影响，而不合理的组织文化对组织产生的是负面影响，有时甚至是致命的影响。

四、人力资源管理的原则

人力资源管理的最终目的是要做到人尽其才，才尽其用，人事相宜，最大限度地发挥人力资源的作用，以配合实现组织的总目标。如何实现科学合理的配置，是人力资源管理长期以来亟待解决的一个重要问题。如何才能对企业人力资源进行有效合理的配置呢？我们认为必须遵循如下的原则：

（一）能级对应原则

合理的人力资源配置应使人力资源的整体功能加强，这就要求人的能力与岗位要求相对应。企业岗位有层次和种类之分，它们占据着不同的位置，处于不同的能级水平。每个人也都具有不同水平的能力，在纵向上处于不同的能级位置。那些具有高瞻远瞩的战略眼光、宽阔的视野、较强的运筹帷幄能力的人就应该成为企业的高层管理者；具有良好的技能、较强的执行力的人可以作为企业的中层管理者；只具有一般技能的人才应该考虑作为企业的基层管理人员或普通员工。做到能级对应，即每一个人所具有的能级水平与所处的层次和岗位的能级要求相对应。

（二）权变原则

人的发展受先天素质的影响，更受后天实践的制约。后天形成的能力不仅与本人的努力程度有关，也与实践的环境有关，人的感情、行为及素质也是多变的。因此，人的能力的发展是不平衡的，其个性也是多样化的。每个人都有自己的长处和短处，有其总体的能级水准，同时也有自己的专业特长及工作爱好。权变原则有两个方面：一是指组织应根据每个人的优势和岗位的要求，选择其最有利于发挥自己优势的岗位；二是指管理者也应根据时间、地点、对象的不同，将不同的人安置到最有利于发挥其特长的职位上。

（三）动态调整原则

动态调整原则是指当人员或岗位要求发生变化时，要适时地对人员配备进行调整，以保证始终使合适的人工作在合适的岗位上。岗位或岗位要求是在不断变化的，人也是在不断变化的，人对岗位的适应也有一个实践与认识的过程。由于种种原因，使能级不对应、用非所长等情形时常发生。因此，如果搞"一次定位，一职定终身"，既会影响工作又不利于人员的成长。能级对应，优势定位只有在不断调整的动态调整过程中才能实现。

（四）普选人才原则

现在企业的竞争，已不再是一国之内的同行竞争，许多国际巨头并非排斥引入必要的外部人才。当确实需要从外部招聘人才时，我们就不能"画地为牢"，局限于企业内部。

五、人力资源管理人员的胜任力

彼得·德鲁克说过，有效的管理者在用人所长的同时，必须容忍人之所短。今天的大型组织需要的是由一群平凡的人做出不平凡的事。知识经济时代，人才作为知识的载体，必然成为稀缺资源，能够寻找、管理、开发稀缺资源的人，必然成为更稀缺的资源——人力资源管理人员。21世纪，知识化、网络化、变革化的管理特点，必然造就一大批知识英雄，也一定能造就一大批人力资源管理精英。

根据人力资源管理者在企业中所扮演的角色和起到的作用，一位合格的人力资源从业人员须拥有相应的素质、专业知识和其他领域的知识。

（一）具备的素质

1. 培养人才

培养人才是人力资源管理人员所应具备的最关键的素质之一。具体体现在，人力资源管理人员要成为"教练员"，就必须能制定并宣讲人力资源的政策和制度，帮助各级主管承担激发下属潜能、培养人才和贯彻执行人力资源制度的责任，在面向员工的时候，能成为"咨询师"，为员工答疑解惑。

2. 影响力

主要体现在与员工建立彼此信任并达成共识的基础上，成为员工利益的代言人，同时作为人力资源管理领域的专家，依赖专业权威性影响与推动企业的变革，发挥人力资源管理对企业运营实践的支持作用等方面。

3. 人际理解力

如果人力资源管理人员无法敏感地倾听与理解员工的需求，无法基于企业与员工的需要提供人力资源的产品与服务，那么人力资源管理的价值如何体现？

4. 客户服务

客户服务素质是建立在人际理解力基础上的，具体表现在倾听并积极响应客户（包括内部员工与外部客户）提出的问题与需求，并就此提供一系列的人力资源产品与服务，从而获得客户的满意。

5. 团队合作

团队从一定意义上也可以看成一种培养与开发人才的有效方式，同时为促进人力资源管理部门履行其对企业经营决策的支持以及员工价值管理的职责，团队合作提供了沟通、分享与支持的平台。

（二）专业知识

1. 人力资源战略与企业文化

根据企业的发展规划，诊断企业现有人力资源状况，结合企业经营发展战略，对未来的人力资源需要和供给状况进行分析及估计，把人力资源战略与企业文化紧密地结合起来。

2. 组织结构设计

根据企业战略目标、资源状况、现有的核心流程以及同行企业的最佳实践模式，分析公司的组织结构，设计企业组织机构。

3. 流程分析与流程再造

流程是组织内部从供应商到客户的价值增长的过程。流程的有效性与效率将直接影响到组织的有效性、效率与客户满意度。

4. 工作分析

工作分析是人力资源管理的一项传统的核心职能与基础性工作。一份好的职位说明书无疑是一幅精确的"企业地图"，指引着人力资源的方方面面。

5. 基于战略的绩效管理

绩效问题是任何公司都面临的长期挑战，人力资源从业者必须掌握绩效管理与绩效人力，绩效管理是发展战略目标分解的工具和方法、绩效制度设计与基本操作、绩效目标设定与分解等相关知识。

6. 全面薪酬战略体系

考虑薪酬的不同要素该如何正确组合才能有效地发挥薪酬的作用。薪酬管理是有效支持公司的战略和公司价值提升的方法和工具。

7. 能力管理

建立素质模型，将素质模型应用到人力资源管理的不同领域，从而真正将人力资源管理回归到建构组织能力和人力资源开发利用上。

8. 招聘

制定人才选择战略，进行准确的工作分析和胜任特征分析，有效地进行人力资源分析与规划，对应聘者的专业技能及综合能力进行评估，对招聘成本进行评估。

9. 培训体系的建立与管理

培训是促成"以人为本"的企业文化的重要手段，制订有效的年度培训计划是人力资源管理人员面临的严峻挑战。

（三）其他领域的知识

企业在选择人力资源管理人员时，一般比较注重对候选人所掌握的专业知识的考查。但是，人力资源管理人员要参与企业的战略决策，要与总经理和其他业务部门沟通，仅仅具备人力资源方面的专业知识显然是远远不够的。他还必须掌握其他领域的知识，这样才能符合新时期对一个合格的人力资源管理人员的要求，那就是成为企业的战略合作伙伴和企业的人力资源管理领域的技术专家。相关知识包括：组织行为学、心理学、项目管理、经济学、统计学、市场营销学、财务管理学、生产管理学、战略学、法律等。

六、人力资源管理与传统人事管理的区别

人事管理的起源可以追溯到非常久远的年代，对人和事的管理是伴随组织的出现而产生的。现代意义上的人事管理是伴随工业革命的产生而发展起来的，并且从人事管理演变而来。20 世纪 70 年代后，人力资源在组织中所起的作用越来越大。传统的人事管理已经不适用，它从管理的观念、模式、内容、方法等全方位向人力资源转变。从 20 世纪 80 年代开始，国外人本主义管理的理念与模式逐步凸显出来。人本主义管理，就是以人为中心的管理。人本主义管理被作为组织的第一资源，现代人力资源管理便应运而生。它与传统的人事管理的差别已经不仅是名词的转变，两者在性质上已经有了较本质的转变。

现代人力资源管理与传统人事管理的主要区别：

1. 管理的视角不同

传统的人事管理视人力为成本，而现代人力资源管理不仅认为人是一种成本，而且视人力为四大资源中的第一资源，通过科学管理可以升值和增值。

2. 管理的重点不同

传统的人事管理只强调人与事的配合，而现代人力资源管理更着重共事人之间人际关系的和谐与协调，特别是劳资关系和专业技术人员之间的协调。

3. 管理的层次不同

传统的人事管理一般都处于执行层，而现代人力资源管理一般都是进入决策层的，

人事活动的功能多元化。

4. 管理的广度不同

传统的人事管理只注重管好自有人员，而现代人力资源管理不仅要管好自有人员，而且还必须对组织现今和未来各种人力资源的要求进行科学的预测和规划。

5. 管理的深度不同

传统的人事管理只注重用好职工的显能，发挥人的固有能力，而现代人力资源管理则注重开发职工的潜能，以不断激发其工作动机。

6. 管理的形态不同

传统的人事管理一般都采用高度专业化的个体静态管理，而现代人力资源管理则采用灵活多样的整体动态管理，给职工创造施展自身才华的机会和环境。

7. 管理的方式不同

传统人事管理的方法机械单一，而现代人力资源管理的方法则灵活多样，是科学理性与人文精神在现代管理理论中有机结合的典范。

8. 管理部门的性质不同

传统的人事管理部门属于非生产、非效益部门，而现代人力资源管理部门逐渐成为生产和效益部门。

七、人力资源管理的内容

企业的人力资源管理，是指企业对于人力资源的一系列管理活动。这些活动主要包括企业人力资源规划、薪酬管理、人员招聘与配置、员工培训管理、绩效管理、劳动关系管理等，即企业运用现代管理方法，对人力资源的获取（选人）、开发（育人）、利用（用人）和保持（留人）等方面所进行的计划、组织、指挥、控制和协调等一系列活动，简单概括为"选、育、用、留"，最终达到实现企业和员工共同发展目标的一种管理行为。

在选才方面，首先要制定企业的人力资源管理规划。然后，在人力资源管理规划的指导下，通过合适的方式和渠道来招聘与甄选员工，进行人力资源的供需平衡，将合适的人配置在适合的岗位上，同时将人才信息纳入人力资源管理信息系统。

在育才方面，建立学习型组织，健全终身培训的体制。通过员工培训管理，使员工不断更新知识，积累不同的经验，帮助他们提高知识水平、增进技能，使他们在今后的企业经营活动中能适应企业发展的需要。对企业今后发展所需要的中坚力量，企业要进行培训，使之成为人力资本。

在用才方面，当企业的人力资源管理工作进行到一定的阶段，就必须对多层次员工的工作绩效进行评估考核，纠正他们工作中的失误，肯定他们工作中的成绩，并就员工下一阶段的工作达成上下级的共识，以便于员工形成下一轮的工作计划。在企业与员工互相匹配发展的过程中，要不断地相互沟通，解决冲突，消除两者共同发展的障碍，形成互为动力的综合发展途径。

在留才方面，对企业来说，辛辛苦苦培育的员工不能留在企业里工作，将是一大损失。对员工的及时激励至关重要，其中包括薪酬方面的激励、福利方面的激励和精神等其他方面的激励。对绩效中表现优秀的员工，尤其要加大激励的力度。企业与员工之间需要长期相互了解，才能达成一种默契，使员工心甘情愿地留在公司，为实现公司的目标而努力工作。

最后，根据人力资源系统的整个运作情况，企业要修正或者重新制订自身的人力资源发展战略和人力资源计划，为下一阶段的人力资源管理活动再次奠定基础。

第二章　人力资源规划

第一节　人力资源规划基础理论

一、人力资源规划的含义

人力资源规划（HRP），又称人力资源计划，是指在组织发展战略和经营规划的指导下，预测和分析员工的供需平衡，以满足组织在不同发展阶段对员工的需求，为组织的发展提供符合质量和数量要求的人力资源保证。简单来说，人力资源规划是对组织在某个时期内的员工供给与需求进行预测，并根据预测的结果采取相应的措施来平衡人力资源的供需。

要想准确理解人力资源规划的含义就应该把握以下要点：

人力资源规划要以组织发展战略和经营规划为基础。因为人力资源管理只是组织经营管理系统的一部分，是为组织的经营发展提供人力资源支持的，如果没有组织战略规划，也就没有人力资源规划。

人力资源规划包括两个主要内容：一是对组织在特定时期内的员工供给和需求进行预测，二是根据预测的结果采取相应的措施进行供需平衡。前者是基础，不进行预测，人力资源的平衡就不能实现，后者是目的，不平衡供需，预测就没有意义。

人力资源供给与需求的预测应从数量和质量两个方面进行，组织对人力资源的需求数量只是一个方面，更重要的是质量方面。

二、人力资源规划的作用

人力资源规划是连接公司组织战略和人力资源管理具体措施的纽带，具有承上启下的作用。具体来讲，它有以下四项突出功能。

（一）它是公司组织战略目标实现的保障

人力资源规划是公司组织的战略目标在人力资源供需（包括数量、质量和结构）等方面的分解，它与公司组织在其他方面的规划，如生产计划、营销计划、财务计划等共同构成公司组织目标体系。公司组织发展所需要的人员，尤其是中高层管理人员和专业技术人员，对大多数公司组织来讲，都是比较稀缺的资源，并非随时都能获得，必须提前做好规划，才能确保所需人员能够及时到岗。通过人力资源规划的制定，可及时发现公司组织人力资源需求并使这些需求及时得以满足，从而保障公司组织战略目标的实现。

（二）它是公司组织人力资源管理的基础

人力资源规划规定了公司组织在人力资源管理方面的具体行动方案，是公司组织人力资源管理的基础。人力资源规划的各项业务计划为工作分析提供依据，它是员工配置的基础，引导公司组织有针对性地进行人员储备，对公司组织急需的人才发出引进和培训预警，为员工职业发展道路的设计提供依据。此外，人力资源规划在人员的奖酬和激励、建立人力资源信息系统、协调不同的人事管理工作等方面都发挥着积极的作用。

（三）它有助于调动员工的积极性

人力资源规划制定与实施的过程中，员工可以看到公司组织的发展远景和自己的发展前景，可以据此设计自己的职业生涯，确立职业发展方向，从而有助于调动员工的积极性。

（四）它是公司组织人工成本控制的手段

随着公司组织的不断成长和壮大，人工成本必定也不断变化。通过人力资源规划，预测和控制公司组织人员的变化，逐步调整公司组织人员的结构，使之尽可能合理化，就可以把人工成本控制在一个合理的水平上。

三、人力资源规划的内容

人力资源规划有狭义与广义之分。狭义的人力资源规划，是指组织从战略规划和发展目标出发，根据其内外部环境的变化，预测组织未来发展对人力资源的需求，以及为满足这种需求所提供的人力资源的活动过程。简单地说，狭义的人力资源规划即指进行人力资源供需预测并使之平衡的过程，实质上它是组织各类人员的补充规划。广义的人力资源规划是组织所有各类人员资源计划的总称。

人力资源规划包含两个层次的内容：总体规划与各项业务计划。人力资源总体规划是有关计划期内人力资源开发利用的总目标、总政策、实施步骤和总预算的安排。人力资源规划所属的业务计划则包括人员补充计划、人员使用计划、提升与降职计划、教育培训计划、薪资计划、劳动关系计划、退休解聘计划等。这些业务计划是总体规划的具体化。

四、人力资源规划的类别

按照规划涉及的时间长短，人力资源可分为长期规划、中期规划和短期规划三种。

长期规划指跨度为 5~10 年或以上的具有战略意义的规划，它为组织人力资源的发展和使用状况指明了方向、目标和基本政策。长期规划的制定需要对内外环境的变化作出有效的预测，才能对组织的发展具有指导性的作用。长期规划比较抽象，可能随内外环境的变化而发生改变。

短期规划的时间跨度一般为 1 年左右。与长期规划相比，短期规划对各项人事活动要求明确，任务具体，目标清晰。

中期规划一般为 1~5 年的时间跨度，其目标、任务的明确与清晰程度介于长期和短期两种规划之间。

规模较小的组织不适于拟定详细的人力资源规划，因为其规模小，各种内外环境对其影响大，规划的准确性差，制定的人力资源规划的指导作用也就难以体现。另外，小组织的规划成本较高。

也有学者将现代企业的人力资源管理规划大致分为三个层次：策略规划、制度规划和作业执行。这三个层次其实也代表了人力资源管理的不同发展阶段，可以体现出从传统的人事管理到现代人力资源管理的过渡。

五、人力资源规划的原则

在制定人力资源规划时，要注意以下三个基本原则。

（一）应充分考虑内外部环境的变化

人力资源规划只有充分地考虑内外部环境的变化，才能适应需要，真正地做到为组织目标服务。内部变化主要指销售的变化、开发的变化，或者组织发展战略的变化，还有公司员工流动的变化，等等；外部变化指社会消费市场的变化、政府有关人力资源政策的变化、人才市场的供需矛盾的变化等。为了能够更好地适应这些变化，在人力资源规划中应该对可能出现的情况作出预测和风险分析，最好能有对付风险的应急策略。

（二）要确保组织的人力资源保障

组织的人力资源保障问题是人力资源规划中应解决的核心问题。它包括人员的流入预测、人员的流出预测、人员的内部流动预测、社会人力资源需求和供给状况分析、人员流动的损益分析等，只有有效地保证了对组织的人力资源供给，才可能进行更深层次的人力资源开发与管理。

（三）使组织和员工都得到长期利益

人力资源规划不仅是面向组织的规划，也是面向员工的规划。组织的发展和员工的发展是互相依托、互相促进的关系。如果只考虑组织的发展需要而忽视了员工的发展需要，则会有损组织发展目标的达成。优秀的人力资源规划一定是能使组织和员工得到长期利益的规划，一定是能使组织和员工共同发展的规划。

第二节　人力资源需求与供给预测

一、人力资源需求预测

（一）人力资源需求分析

人力资源需求预测是指对企业未来某一特定时期内所需人力资源的数量、质量及结构进行估计。企业的人力资源需求是一种引致需求，它最终取决于市场对企业产品和服务的需求。因此在进行人力资源需求预测之前，先要预测企业产品或服务的需求，然后再在一定的技术和管理条件下，将这一预测转换为满足服务需求所需的员工数量和质量预测。因此人力资源需求预测需要对下列因素进行分析。

产品和需求预测通常是从行业和企业两个层次对市场需求进行预测。从行业角度看，不同行业的产品侧重于满足消费者不同方面的需求，它受到消费者人数、消费者的偏好、收入水平、价格水平以及政治、经济、社会、技术等直接和间接、长期与短期因素的影响。因此行业需求既有长期的稳定趋势也有短期波动现象，市场对个别企业产品和服务的需求决定了它在整个行业中的市场份额，它取决于企业与竞争对手在产品质量、成本价格、品牌信誉、促销努力等多个方面的差距。

一般地，在生产技术和管理水平不变的条件下，企业产品需求与人力资源需求呈正相关关系，当企业产品和服务需求增加时，企业内设置的职位和聘用的人数也会相应地增加。

企业的发展战略和经营规划。企业的发展战略和经营规划一方面取决于企业外部市场环境，尤其是企业产品和服务的需求状况；另一方面也取决于企业对外部市场环境的应对能力和独特的目标要求。企业的发展战略和经营规划直接决定了企业内部的职位设置情况以及人员需求数量与结构。当企业决定实行扩张战略时，未来的职位数和人员数肯定会有所增加，当企业对原有经营领域进行调整时，未来企业的职位结构和人员构成也会相应地进行调整。

生产技术和管理水平的变化。不同的生产技术和管理方式很大程度上决定了企业内部的生产流程和组织方式，进而决定了组织内职位设置的数量和结构。因此，当企业的生产和管理技术发生重大变化时，会引起组织内职位和人员情况的巨大变化。当企业采用效率更高的生产技术时，同样数量的市场需求可能只需要很少的人员就可以，同时新的技术可能还要求企业用掌握新技能的员工来替换原有员工。但是新的技术也可能会有一些新的职位要求，如设计、维修等，也会在一定程度上增加对某一类员工的需求。

影响企业人力资源需求的因素很多，而且不同的企业的影响因素有所不同，即使是同一种影响因素，对人力资源需求的实际影响也有所差异，因此人员需求预测应根据企业的具体情况，分析和筛选出对企业人力资源需求影响最为关键的因素，并确定这些因素对人力资源需求的实际影响，然后根据这些因素的变化对企业人力资源需求状况进行预测。

（二）人力资源需求预测的方法

对人力资源需求进行预测的方法很多，但不外乎两大类：第一类是定性方法，包括主观判断法、微观集成法、工作研究法和德尔菲法等；第二类是定量方法，包括回归分析法、趋势预测法、生产函数法、比率预测法。需要指出的是，在实际预测中，不可能只用一种方法，而应当将多种方法结合起来，这样预测的结果会比较准确。

1. 主观判断法

这是一种最为简单的预测方法。它是由管理人员根据自己以往的经验和对人力资源影响因素的未来变化趋势进行主观判断，进而对人力资源需求情况进行预测。在实际操作中，一般先由各个部门的负责人根据本部门未来一定时期内工作量的情况，预测本部门的人力资源需求，然后再汇总到企业最高层管理者那里进行平衡，以确定企业最终需求。这种方法完全凭借管理人员的经验，因此要求管理人员具有丰富的管理经验，而且这种方法主要适用于规模较小或者经营环境稳定、人员流动不大的企业。

2. 微观集成法

微观集成法可以分为"自上而下"和"自下而上"两种方式。"自上而下"是指由组织的高层管理者先拟定组织的总体用人计划和目标，然后逐级下达到各具体职能部门，开展讨论和进行修改，再将有关意见汇总后反馈回高层管理者，由高层管理者据此对总的预测和计划作出修改后，予以公布。"自下而上"是指组织中的各个部门根据本部门的发展需要预测未来某种人员的需求量，然后再由人力资源部门进行横向和纵向汇总，最后根据企业经营战略形成总的预测方案。

3. 工作研究法

工作研究法是在分析和确定组织未来任务和组织流程的基础上，首先确定组织的职位设置情况，然后根据职位职责，计算每个职位工作量及相应的人员数量。工作研究法的关键是工作量的计算和分解，因而必须制定明确的岗位用人标准以及职位说明书。

4. 德尔菲法

德尔菲法是邀请某一领域的一些专家或有经验的管理人员对某一问题进行预测，经过多轮反馈并最终达成一致意见的结构化方法。例如，在估计将来公司对劳动力的需求时，公司可以选择在计划、人事、市场、生产和销售部门任职的经理作为专家，因此又称专家评估法，是用来听取专家们关于处理和预测某重大技术性问题的一种方法。

德尔菲法有三个特点：①采取匿名形式进行咨询，使参与预测咨询的专家互不通气，避免受到其他专家的影响。②分几轮反复发函咨询，每一轮的统计结果都寄回专家作为反馈，供下一轮咨询、参考。③对调查咨询结果采用一定的统计处理，使之有使用价值。一般说来，经过四轮咨询，专家们的意见可以趋于一致。专家人数一般以10¯15人为宜。在预测过程中，人力资源部门应该为专家提供充分的信息，包括已经收集到的资料和有关统计分析结果，目的是使专家们能够作出比较准确的预测。另外，所提出的问题应该尽可能简单，以保证所有专家能够从相同的角度理解员工分类和其他相关的概念。在必要时，可以不问人力资源需求的总体绝对数量，而应该问变动的百分比或某些专业人员的预计变动数量。对专家的预测结果也不要求精确，但要求专家说明对所做预测的肯定程度。

在实施德尔菲法时应注意：①专家组的人数应根据问题重要性和复杂性确定，人数越多，片面性越小。②专家发表意见时，采取匿名方式，即所谓"背靠背"方式，以避免从众行为，因此需要一个协调者在专家之间进行信息传递、归纳和反馈。③要给专家提供充分的资料和信息，使他们能够进行判断和预测。④问卷设计应当清晰明白，保证专家从同一个角度去理解问题，避免造成误解和歧义。

二、人力资源供给预测

（一）人力资源供给分析

对企业来说，人力资源供给本质上是生产过程中的劳动投入，它取决于企业劳动力总人数、单位劳动力的劳动时间以及标准劳动力的折算系数。由于国家法律的限制，劳动者的劳动时间基本上是恒定的。标准劳动力的折算系数取决于劳动者的能力和实际生产效率，能力和实际生产效率越高，则折算系数越大。因此人力资源的供给预测就是对在未来某一特定时期内能够提供给企业的人力资源数量、质量以及结构进行估计。对多数实行长期雇用的企业来说，人力资源的供给包括外部供给和内部供给两个来源。与此相对应，人力资源供给预测也应当从这两个方面入手。

1. 外部供给分析

外部供给是指企业可以从外部劳动力市场获得的人力资源。外部劳动力市场主要是针对那些没有技能的体力劳动或不需多少技能的服务工作、钟点工、短工和季节工等组织中的次要部门的雇用情况，此外最主要的就是具有长期雇用潜力的新员工。具有长期雇用潜力的新员工只有经过一系列的培训，并取得企业信任之后才能进入内部劳动力市场。在此之前，他们与其他外部劳动力一样，其标准劳动力的折算系数都比较低。因此外部供给分析主要是对劳动者供给数量进行分析。

在外部劳动力市场，雇用关系是短期的，没有晋升的希望，工资也完全受劳动市场的调节。一般来说，多数企业对外部劳动力市场无法控制，除非它是劳动力市场的垄断需求者。因此对外部供给的分析主要是对影响供给的因素进行分析，进而对外部供给的有效性和变化趋势作出预测。

外部劳动力市场供给主体和分析单位是家庭。影响家庭人力资源供给决策的因素不仅包括市场工资水平而且包括家庭对闲暇的偏好。这些因素的共同作用会形成总的劳动力供给态势，当劳动供给大于或等于劳动需求时，多数企业外部劳动力需求会得以满足。当然对某个具体企业而言，家庭对生产行业和企业的偏好也会影响这个企业所面临的实际供给状况。因此企业所处的行业是否具有吸引力，以及企业本身是否比竞争者更有吸引力，可能对企业的人力资源供给状况具有更直接的影响。其他影响供给的因素有总体经济状况、地方劳动力市场状况和人们的就业意识等。

2. 内部供给分析

内部供给是指企业从内部劳动力市场可以获得的人力资源。经济中主要部门的劳动者，如拥有技能的蓝领工人、大部分管理和专业技术人员等，其雇用和工资并不直接受外部劳动力市场的影响，而是由企业按照内部的规定和惯例来决定，从而形成一个与外部劳动力市场（一般意义上的劳动力市场）相对隔离的内部劳动力市场，其主要特征表现为：长期雇用、从外部劳动力市场进入企业的人口很少、按工作而非个人的生产率支付工资，以及内部晋升等。

进入内部劳动力市场的劳动者，其标准劳动力的折算系数基本大于1，并且随着培训以及劳动者劳动经验的积累和基本技能的增加，其标准劳动力的折算系数还有可能会进一步增加。在新员工数量受到严格限制的条件下，企业内部劳动力市场的劳动者人数将随着劳动力的自然减员（如退休、生育）和离职而降低，但是人力资源供给却可能会由于劳动者能力和素质的提升而增加。因此与外部供给分析不同，内部供给分析不仅要考虑劳动者供给人数的变化，更要研究劳动者能力和素质的变化。

（1）内部劳动力市场劳动者人数分析

内部劳动力市场劳动者人数取决于长期雇用潜力的新员工人数以及现有内部劳动力市场劳动者人数。在新员工数量受到严格限制的条件下，内部劳动力市场人数供给状况主要取决于现有内部劳动力市场劳动者人数的自然变化和流动状况。

内部劳动力市场劳动者人数的自然变化取决于员工的性别、年龄和身体状况结构。例如，企业现有 58 岁男性员工 30 人，那么两年后内部劳动力市场供给就会减少 30 人。内部劳动力市场劳动者的流动状况包括人员流出和内部流动两个方面。企业人员流出的原因很多，如辞职、辞退等，企业人员流出的数量形成了内部劳动力市场减少的数量。企业人员内部流动主要影响企业内具体的部门和职位的人员供给状况。影响企业人员内部流动的因素主要是企业的绩效考核制度和结果，以及企业内部晋升和轮换制度等。

因此，内部劳动力市场劳动者人数分析应当关注：员工的性别、年龄和身体状况结构；企业人员离职倾向、企业绩效考核制度和结果；企业内辞退、晋升和轮换制度等因素的变化和影响。

（2）内部劳动力市场劳动者素质分析

在内部劳动力市场劳动者人数保持不变的条件下，人员素质的变化会影响内部劳动力市场的供给状况。人员素质的变化体现在两个方面：高素质员工的比例变化以及员工整体素质的变化。无论是高素质员工数量的增加还是员工整体素质的提升，最终都会引发企业生产效率的提高，从而相对增加企业内部劳动力市场人力资源的供给。影响员工素质的因素很多，工资水平增加、激励工资（包括绩效工资、奖金、利润和股权分享计划）的实施，以及企业各类培训投入的增加都可能有助于提升员工的素质。因此在进行内部劳动力市场劳动者素质分析时，必须对这些因素的变化和影响给予高度的关注。

（二）人力资源供给预测

人力资源需求预测为管理者提供了估计所需员工数量和类型的手段，但只知道人员需求是不够的。某家大型制造公司下属的一个新工厂准备开工，经过分析，专家曾认为其新产品的需求是长期的、大量的，于是，资金、技术等全部到位。可是一年后，工厂还没有办法开厂。这是因为管理者忽略了一个关键的问题：他们只研究了人力资源需求，却没有研究人力资源供给。当地劳动力市场上并没有开办新厂所需的足够的工人。因此，在工厂开工之前，企业不得不花费大量的时间和金钱对新招聘的工人进行培训。可见，人力资源供给预测与需求预测同样重要。人力资源供给预测是指为了满足企业在未来一段时间内的人力资源需求，对将来某个时期企业从其内部和外部可以获得的人力资源的数量和质量进行预测。它包括外部人力资源供给预测和内部人力资源供给预测。

1. 人力资源外部供给预测

（1）影响因素

行业性因素、地区性因素和全国性因素是影响到外部人力资源供给预测的三个因素。

行业性因素包括：公司组织所处行业的发展前景，行业内竞争对手的数量、实力及其在吸引人才方面的方法，公司组织在行业中所处的地位和竞争实力等。地区性因素包括：公司组织所在地及其周边地区的人口密度、就业水平、就业观念、教育水平，公司组织所在地对人们的吸引力，当地的住房、交通、生活条件等。全国性因素包括：对今后几年内国家经济发展情况的预测，全国对各类人员的需求程度，各类学校的毕业生规模和结构，教育制度的改革对人力供给的影响，国家就业政策、法规的影响，等等。

（2）预测方法

1）直接收集有关信息

公司组织可以通过对自己所关心的人力资源状况进行相关调查，获得第一手材料。

2）查阅相关的资料

国家或者某一地区的统计部门、劳动部门都会定期发布一些统计数据，公司组织可以通过这些现有的资料获得所需要的信息。另外，还应及时关注国家和地区的政策法规的出台和修改。当今互联网的迅速发展使得相关信息资料的获得变得更加容易。

（3）对应聘和雇用人员的分析

对公司组织已经雇用或是前来公司组织应聘的人员进行调查和分析，也可以得到对人力资源供给情况的估计。

2. 人力资源内部供给预测

（1）影响因素

公司组织自身的人力资源策略和相应的管理措施是一个重要的影响因素。不同的公司组织对人才的期望是不尽相同的，有的公司组织采取鼓励人才合理流动的策略，将较多的精力放在吸引外部的成熟人才上，期望不断为公司组织带来新鲜的血液；有的公司组织则希望人才能够长期稳定在公司组织中，他们用优厚的待遇、较多的培训机会和充足的发展空间来确保公司组织有稳定的人才。

除此之外，影响公司组织外部人力资源供给的上述因素同样也会对公司组织内部的人力资源供给产生影响。如果公司组织外部的就业机会多、条件优厚，则员工外流的可能性将会大大增加，公司组织内部人力资源供给就会显得比较紧张，公司组织不得不花费更大的成本和精力以保证人力资源的供给。

（2）预测方法

1）员工档案法

从员工进入公司组织开始，人力资源部门就应该为其建立内容全面的人员档案，以便公司组织对现有的员工哪些能够被提升或调配随时作出判断。员工的个人档案中应该记录的内容包括：①员工的基本资料：姓名、性别、年龄等个人信息。②员工过去的经历：

在没来公司组织之前的教育经历、工作经历、培训经历等。③员工在公司组织中的经历。④员工在公司组织中职位、薪酬的变化，工作绩效评估的结果，所接受的培训的内容和效果。⑤员工的能力：对员工的各项关键能力和专业技术能力测试和判断的结果，取得的奖励和成就等。⑥员工的素质测评结果：对员工各项能力的测评。⑦员工的职业生涯规划：员工的职业发展目标和计划、职业兴趣等。

2）人员接替法

不少公司组织的管理人员都是从内部员工中提拔的，因此确定一些关键管理职位可能的接班人有哪些，这些接班人的潜力如何、能否胜任，这就是人员接替法。

3）马尔可夫法

这是一种统计预测方法，其方法的基本思想：找出过去人事变动的规律，以此来推测未来的人事变动趋势。

马尔可夫法已经被一些大公司应用。在内部人力资源供给预测的实际应用中，一般采取多种预测方法，得出几种预测结果，然后进行综合分析，得到比较合理的结果。

第三节　人力资源供需综合平衡与程序制定

一、人力资源供需综合平衡

在预测了人力资源的供给之后，人力资源规划就必须对人力资源的供求关系进行综合平衡，如出现不平衡，则要作出调节，使之趋于平衡。人力资源供给与需求预测的结果一般会出现以下三种可能：人力资源供大于求；人力资源供小于求；人力资源供求总量平衡，结构不平衡。针对这三种不同的情况，组织应采取以下措施。

（一）人力资源供大于求时

①撤销、合并臃肿的机构，减少冗员。这在一定程度上可以提高人力资源的利用率。②辞退那些劳动态度差、技术水平低、劳动纪律观念不强的员工。③鼓励提前退休或内退。对那些接近退休年龄而未达到退休年龄者，制定一些优惠措施，鼓励提前退休。④加强培训工作，使员工掌握多种技能，增强他们的择业能力，鼓励员工自谋职业。同时，通过培训也可为组织的发展储备人力资本。⑤减少员工的工作时间，降低员工的工资水平。如可采用多个员工分担以前只需一个或少数几个人就可完成的工作，组织按完成工作量来计发工资。这是国外组织在经济萧条时经常采用的一种解决组织临时性人力资源过剩的有效方法。

（二）组织人力资源供不应求时

①内部调剂。可将某些符合条件，而又相对富余的人员调往空缺职位。也可通过培训与晋升的方法补充空缺职位。②外部招聘。对组织内部无法满足的某些职位的人员需要，有计划地经由外部招聘。③如果短缺现象不严重，且本组织员工又愿意延长工作时间，则可根据《中华人民共和国劳动法》（以下简称《劳动法》）有关规定，制定延长工时并适当增加报酬的计划。④制定聘用非全日制临时工计划。如返聘已退休者，或聘用小时工等。⑤工作再设计。主要是通过工作扩大化，使员工做更多的工作，这样做的结果，不仅能降低员工的单调感和厌烦情绪，而且也提高了人力资源的利用率。

总之，以上措施虽是解决组织人力资源短缺的有效途径，但是最有效的方法是通过激励及培训提高员工的业务技能，改进工艺设计，以此调动员工的积极性，提高劳动生产率，减少对人力资源的需求。

（三）人力资源总量平衡、结构不平衡时

当组织中人力资源在总量上是平衡的，但因人员结构不合理，造成某些职位空缺或人员不足时，组织应根据具体情况制订针对性较强的业务计划，如晋升计划、培训计划等，改变结构不平衡的状况。

应当指出的是，组织在制定平衡人力资源供求的措施时，不可能是某种情况单一出现，很可能是不同部门、不同层次的不同情况同时出现。所以，应具体情况具体分析，制定出相应的人力资源规划，使各部门人力资源在数量、质量、层次、结构等各方面达到协调与平衡。

二、人力资源规划制定程序

一般来说，人力资源规划的过程包括四个步骤：准备阶段、预测阶段、实施阶段与评估阶段。

（一）准备阶段

信息资料是制定人力资源规划的依据，要想制定出一个有效的人力资源规划，就必须获得丰富的相关信息。影响人力资源规划的信息主要有以下三种：

1. 外部环境信息

主要包括两类，一类是宏观经营环境的信息，如经济、文化、教育以及法律环境等。由于人力资源规划与组织的生产经营活动密切相关，所以这些影响组织生产经营的因素都会对人力资源的供给与需求产生作用。另一类是直接影响人力资源供给与需求的信息，如外部劳动力市场的政策、结构、供求状况，劳动力择业的期望与倾向，政府的职业培训政策、教育政策以及竞争对手的人力资源管理政策，等等。

2. 内部环境信息

这类信息也包括两个方面：一是组织环境信息，如组织发展战略、经营计划、生产技术以及产品结构等；二是管理环境信息，如组织的结构、管理风格、组织文化、管理结构、管理层次与跨度及人力资源管理政策等。这些因素都决定着组织人力资源的供给与需求。

3. 现有人力资源信息

即对组织内部现有人力资源的数量、质量、结构和潜力等进行调查，包括员工的自然情况、录用资料、教育资料、工作经历、工作能力、工作业绩记录和态度记录等方面的信息。组织人力资源的状况直接关系到人力资源的需供状况，对人力资源规划的制定有着直接的影响，只有及时准确地掌握组织现有人力资源的状况，人力资源规划才有效。

（二）预测阶段

预测阶段的主要任务是在充分掌握信息前选择使用有效的预测方法，对组织在未来某一时期的人力资源供给与需求作出预测。人力资源的供需达到平衡，是人力资源规划的最终目的，进行需求与供给的预测就是为了实现这一目的。在整个人力资源规划过程中，这是最为关键的一部分，也是难度最大的一个阶段，它直接决定着人力资源的规划是否能够成功。人力资源管理人员只有准确地预测出人力资源的需求与供给，才能采取有效的平衡措施。

（三）实施阶段

在需求与供给的基础上，人力资源管理人员根据两者的平衡结果，制定人力资源的总体规划和业务规划，并制定出实施平衡需要的措施，使组织对人力资源的需求得到满足。需要说明的是，人力资源管理人员在制定相关措施时，应当使人力资源的总体规划和业务规划与组织的其他规划相互协调，这样制定的人力资源规划才能得以有效实施。

（四）评估阶段

对人力资源规划实施效果进行评估是整个规划过程的最后一个阶段，由于预测不可能做到完全正确，因此人力资源规划也需要进行修订。在实施过程中，要随时根据变化调整需求与供给的预测结果，同时调整平衡供需的措施也要对预测的结果及制定的措施进行评估，对预测的准确性和措施的有效性作出评价，吸取经验教训，为以后的规划提供借鉴和帮助。

第三章　工作分析与组织设计

第一节　工作分析

一、工作分析概述

(一) 工作分析的思想渊源

"工作分析"一词在管理学领域最早见于 20 世纪初。20 世纪初,美国著名管理学家、经济学家,被后世称为"科学管理之父"的弗雷德里克·温斯洛·泰勒把工作分析列为科学管理四大原则的第一原则。工作分析的思想与活动,最早起源于社会的分工。最早论述分工问题的是中国政治家管仲。公元前 700 年,管仲提出四民分业定居论,主张将国人划分为士、农、工、商四大行业,并按专业分别聚居在固定的区域。荀况把分工称作"曲辨",特别强调分工的整体功能。自给自足的小农经济生产模式是限制工作分析思想与活动在中国发展的社会根源。工作分析的思想和活动产生的社会基础是社会分工的高度发展。

古希腊对社会分工的探讨,代表人物是柏拉图和色诺芬。柏拉图在《理想国》中要求工人专门化,做力所能及的工作,特定的工人从事特定的工作。社会分工方法可以大大提高社会生产率。色诺芬比柏拉图更详细地研究了分工,不仅研究整个社会的分工,而且研究单个工厂中的分工。

现代人力资源管理工作必将促进工作分析在我国的大力发展。现代人力资源管理的目标以开发为导向,以让每个员工在组织内得到充分、自由与全面发展为宗旨。通过实现岗位流动,使人获得全面的发展和能力的开发。传统人事管理的特点是以"事"为中心,只见"事",不见"人",强调"事"的单一方面的静态控制和管理,其管理的形式和目的是"控制人",忽视人员流动,一配定终身,而工作分析是保证人员自由、充分、全面发展的基础和前提。

（二）工作分析的相关术语

1. 工作要素

工作要素是指工作中不能继续分解的最小动作单位，例如从粉笔盒中取出粉笔，盖上瓶盖，书写板书，开启机床，酒店的行李员将行李搬运到行李推车上等。

2. 任务

任务是为达到某一明确目的所进行的一系列活动。任务可以由一个或多个工作要素组成，如工人加工产品、打字员打字等。

3. 职责

职责是为实现一定的组织职能或完成组织要求的工作使命，在特定岗位上需要完成的一个或一系列任务。例如人力资源经理要实现招聘的职责就需要完成一系列的工作任务，包括制订招聘计划、招募、甄选、录用和招聘评估等。

4. 职位

职位即岗位，在完成一项或多项责任的组织中的一个任职者所对应的位置就是一个职位，比如高校人力资源管理教师。职位是组织要求个体完成的一项或多项责任以及为此赋予个体的权力总和。职位是以"事"为中心确定的，强调的是人所担任的岗位，而不是担任这个岗位的人。

5. 职务（工作）

职务是按规定担任的工作或为实现某一目的而从事的明确的工作行为，由组织中主要责任相似的一组职位组成，也称工作。在规模大小不同的组织中，根据不同的工作性质，一种职务可以有一个职位，也可以有多个职位。例如，人力资源管理人员的职务中可能有从事各种不同人事工作的人，但他们的主要工作责任是相似的，因此可以归于同样的职务。

6. 职业

职业是一个更为广泛的概念，它由不同时间内、不同组织中的相似工作组成。职业的概念有着较大的时间跨度，处于不同时期、从事相似工作活动的人都可以被认为是同样的职业，比如教师、医生、律师等。

7. 职权

职权指依法赋予的完成特定任务所需要的权利。职权与职责紧密相关，特定的职责要赋予特定的职权，甚至于特定的职责等同于特定的职权。例如，工商质量检查员对商品质量的检查，既是工商质量检查员的职责，又是他的职权。

（三）工作分析的含义及内容

1. 工作分析含义

工作分析是运用科学的方法，收集与工作相关的信息的过程，主要包括对各类工作岗位的性质、任务、职责权限、岗位关系、劳动条件和环境，以及员工承担本岗位任务应具备的资格条件等方面的信息进行系统研究，并制定出工作说明书等岗位人事规范的过程。工作分析的最终产出表现为工作描述和工作规范，即工作说明书。

2. 工作分析的时机

工作分析的时机主要有以下几种：①公司新成立。②产生了新的工作。③企业首次进行工作分析。④现有的工作内容由于引进新技术、新设备、新方法和新工艺等发生变化。⑤现有的绩效普遍不佳。

3. 工作分析的主要内容

工作分析包括以下三个方面的内容：①在完成岗位调查取得相关信息的基础上，首先要对岗位存在的时间和空间范围做出科学的界定，然后再对岗位内在活动的内容进行系统的分析，即对岗位的名称、性质、任务、权责、程序、工作对象、工作资料以及本岗位与相关岗位之间的联系和制约方式等因素逐一进行比较、分析和描述，并进行必要的总结和概括。②在界定了岗位的工作范围和内容以后，应根据岗位自身的特点，明确岗位对员工的素质要求，提出本岗位员工应具备的诸如知识水平、工作经验、道德标准、心理品质、身体状况等方面的资格和条件。③将上述岗位分析的研究成果，按照一定的程序和标准，以文字和图表的形式加以表述，最终制定出工作说明书、工作规范等人事文件。

（四）工作分析的原则

1. 目的原则

如果工作分析是为了明确工作职责，那么分析的重点在于工作范围、工作职能、工作任务的划分；如果工作分析的目的在于选聘人才，那么工作分析的重点在于任职资格界定；如果工作分析的目的在于决定薪酬的标准，那么重点又在于对工作责任、工作量、工作环境、工作条件的界定等。

2. 职位原则

工作分析要从职位出发，分析职位的内容、性质、关系、环境以及人员胜任特征，即分析完成这个职位工作的从业人员须具备什么资格与条件，而不是分析在岗的人员如何。否则，会产生社会赞许行为与防御心理等不利于工作分析的问题。

3. 参与原则

工作分析要求全体员工从上到下全面参与，这样才能得到详细的有用信息。

4. 经济原则

工作分析是一项费时、费力、费钱的事情，涉及组织的各个方面。应根据工作分析的目的，采用经济合理的方法。

5. 系统原则

对某一工作进行分析时，要注意该工作与其他工作的关系以及该工作在整个组织中所处的位置，从总体上把握该工作的特征及对人员的要求。

6. 动态原则

要根据战略意图、环境的变化、业务的调整，经常性地对工作分析的结果进行调整。工作分析是一项常规性的工作，需要定期修订和更新。

7. 应用原则

应用原则是指工作分析的结果——工作描述与工作规范，即工作说明书要用于公司管理的相关方面。有的企业制作了精美的工作说明书却束之高阁，而不用于人力资源管理工作的工作说明书再精美也没有用。

（五）工作分析的作用

工作分析是人力资源管理的基础，是招聘、培训、绩效管理、薪酬管理和员工关系管理的前提。通过工作分析，可以优化整合资源，为组织带来效益。工作分析是人力资源管理的基石。依据工作分析的结果可以划分部门和岗位，科学地定编、定岗、定员。

具体而言，工作分析具有以下作用：

（1）工作分析为招聘、选拔、任用合格的员工奠定了基础。通过工作分析，掌握了工作任务的静态与动态特点，能够系统地提出对有关人员的文化知识、专业技能、生理心理品质等方面的具体要求，并对本岗位的用人标准做出具体而详尽的规定。

（2）工作分析为员工的考评、晋升提供了依据。员工的评估、考核和晋升，如果缺乏科学的依据，就会挫伤员工的积极性，使企业单位的各项工作受到严重的影响。根据工作分析的结果，人力资源管理部门可制定出各类人员的考评指标和标准，以及晋升的具体条件，提高员工绩效考评和晋升的科学性。

（3）工作分析是企业改进工作设计、优化劳动环境的必要条件。通过工作分析，可以揭示生产和工作中的薄弱环节，反映工作设计和岗位配置中不合理的部分，发现劳动环境中危害员工生理卫生和劳动安全、加重员工的劳动强度和工作负荷、造成过度的紧张疲劳等方面不合理的因素，有利于改善工作设计，优化劳动环境和工作条件，使员工在安全、健康、舒适的环境中工作，最大限度地调动员工的工作兴趣，充分激发劳动者的积极性和主动性。

（4）工作分析是制定有效的人力资源规划、进行各类人才供给和需求预测的重要前提。每个企业对岗位的配备和人员安排都要制定人力资源规划，并且要根据计划期内总的任务量、工作岗位变动的情况和发展趋势，进行中长期的人才供给与需求预测。工作分析所形成的工作说明书，为企业有效地进行人才预测、编制企业人力资源中长期规划和年度计划提供了重要的前提。

总之，工作分析无论是对我国宏观社会和经济发展还是对微观企业的人力资源管理，都具有极为重要的作用。

二、工作分析的方法

工作分析的方法主要是指工作信息搜集的方法。工作分析的内容取决于工作分析的目的和用途，不同的组织所进行的工作分析的侧重点有所不同。因此需要在工作分析的内容确定之后，选择适当的分析方法去搜集与工作相关的有用信息。

搜集工作分析信息的工作通常由实际承担工作的人员、工作承担人员的直接主管，以及一名人力资源管理专家共同进行。通常的做法是，首先由人力资源管理专家（人力资源管理者、工作分析专家或咨询人员等）观察和分析正在进行的工作，然后编写出一份工作说明书。员工及其直接主管也要参与此项工作。例如，可能会要求主管人员填写问卷，在问卷中列举出其下属的主要工作活动。最后，由承担工作的员工及其主管来审查和修改工作分析人员所编写的反映他们工作活动和职责的那些结论性描述。

（一）工作实践法

工作实践法又称参与法，是指工作分析人员参与某一职位或从事所研究的工作，从而细致深入、全面体验、了解和分析工作特征及要求。工作实践法的优点是可了解岗位的实际工作情况，以及岗位对智力、体力、学历、经验、技能等方面的要求，能获得有关工作的第一手资料。适用于短期内可以掌握的岗位工作。缺点是不适用于需要进行大量训练或危险的工作。

（二）工作日志法

工作日志法是一种让从事工作的员工以工作日记或工作笔记的形式将其日常工作中从事的每一项活动按照时间顺序记录下来，以此收集岗位分析所需信息的分析方法。它可以提供一个非常完整的工作图景，在以连续同员工及其主管进行面谈作为辅助手段的情况下，这种工作信息收集方法的效果会更好。当然，员工可能会夸大某些活动，同时也会对某些活动低调处理。

（三）观察法

1. 含义

观察法是指工作分析人员到现场观察员工的实际工作情况，借用人的感觉器官、观察仪器或计算机辅助系统实地观察、描述员工的实际工作活动过程，并用文字、图表和流程图等形式记录、分析和表现有关数据的方法。在对主要由身体活动构成的工作进行工作分析时，观察法是一种特别有用的方法。

2. 分类

（1）从观察方法来划分

目前常用的观察法有流程图法、运动研究法、工作样本分析法。

（2）从观察者是否兼具工作者双重身份来划分

有参与性观察与非参与性观察两种形式，即作为参与式观察者或旁观者。前者是指观察者本人兼具工作者和观察者的双重身份，这时观察者的身份通常是保密的；后者是指观察者不兼具工作者和观察者的双重身份，而只有观察者一个身份。工作分析中通常用非参与性观察。

3. 运用

在运用常用的非参与性观察法时，应注意：①观察员的工作应相对稳定，即在一定时间内，其工作内容、程序、对工作人员的要求没有明显变化。②适用于大量标准化的、周期较短的以体力活动为主的工作，不适用于以脑力活动为主的工作。③要注意工作行为本身的代表性。④观察人员尽可能不要引起被观察者的注意和干扰他们的工作。⑤观察前要有详细的观察提纲和行为标准。

非参与性观察法特别适用于分析那些在一段时间内，工作内容、工作程序、对工作人员的要求不会发生明显变化的职务，是搜集非语言行为资料的初步方法。它在搜集非语言行为资料方面明显优于问卷调查法，观察人员通过直接观察工作所获得的资料比工作人员自己描述更深入和全面。此外，它还能观察自然环境或工作场合中工人做什么及如何做等情况。

4. 优点和缺点

观察法的优点是有助于了解岗位工作条件、环境、工具、设备等方面的比较客观的信息，能澄清某些疑问，能直观得到岗位所要求的个人资格的印象。缺点是分析者的旁观可能给工人造成压力，影响其正常的工作程序和工作方法；不易观察到一些突发事件，不适用于工作周期长的岗位。

（四）访谈法

1. 含义

访谈法是岗位分析较常用的方法之一，由分析人员分别访问工作人员本人或其主管人员，获取与工作有关的信息。这种方法能提供标准与非标准的工作信息，也能提供身体和精神方面的信息。在访谈过程中，访谈者应掌握谈话的主动权，但不能强迫访谈对象说话。访谈者的行为和态度应当诚恳，真正表现出对访谈对象的关心。访谈者应当引导谈话内容，取得所需信息。

2. 方式

在收集工作分析信息的时候，可以使用以下三种访谈方式：①对每个员工进行的个人访谈。②对做同种工作的员工群体进行的群体访谈。③对完全了解被分析工作的主管人员进行的主管人员访谈。

群体访谈通常用于大量员工做相同或相近工作的情况，因为它可以一种迅速而且代价相对较小的方式了解到工作的内容和职责等方面的情况。无论采用何种访谈方式，最为重要的是被访谈者本人必须十分清楚访谈的目的，因为这一类的访谈常常被误解为组织有目的地"对雇员的效率进行评价"。如果被访谈者对访谈目的是这样理解的话，他们往往不愿意对自己或下属的工作进行较为准确的描述。

3. 访谈法的优点和缺点

访谈法的优点是可为工作分析、绩效考核方案提供信息，能收集企业员工各种需求以及满意度，可以暴露出企业管理中存在的各种隐性问题，使员工感到受重视，同时是一种较好的沟通方法。缺点是员工在面谈中有故意夸大其工作任务作用和重要性的可能；比较费时，会占用访谈对象的正常工作时间。

4. 运用访谈法的注意事项

①事先征得样本员工直接主管的同意。②在无人打扰的环境中进行面谈。③向样本员工讲解工作分析的意义，介绍面谈的大体内容。④以轻松的话题开始，消除样本员工的紧张情绪。⑤学会倾听的技巧。⑥鼓励样本员工真实、客观地回答问题。⑦按照面谈提纲的顺序，由浅至深地进行提问。⑧注意把握面谈的内容，防止样本员工离题太远。⑨适时做好谈话记录。

（五）关键事件法

关键事件法是要求调查人员、本岗位员工或与本岗位有关的员工将劳动过程中的关键事件详细地加以记录，在大量收集信息之后对岗位的特征和要求进行分析研究的方法。所谓关键事件是指在工作过程中，给岗位工作任务造成显著影响（如成功与失败、盈利与亏损等）的事件。主要原则是认定员工与工作有关的行为，并选择其中最重要、最关键的部分来评定其结果。

关键事件的描述内容包括四部分：①导致该事件发生的背景和原因。②员工特别有效或特别无效的行为。③关键行为的后果。④员工个人能否控制或支配上述后果。

将上述各项详细记录以后可以对数据做出分类，并归纳总结出该岗位的主要特征和具体要求。采用关键事件法时，应注意：①标准的期限不宜过长；②关键事件的数量应足够说明问题，事件数目不能太多；③正反两边的事情都要兼顾，不得偏颇。

（六）问卷调查法

获取工作信息的另外一种比较好的方法是：让员工通过填写问卷来描述其工作中所包括的任务和职责。问卷调查法是岗位分析的常用方法之一，指采用调查问卷来获取工作分析的信息，实现工作分析的目的的方法。

在采用这种方法的情况下，首先需要考虑如何安排问卷的结构以及提些什么样的问题。从理论上讲，有两种比较极端的做法。在一种极端情况下，设计出一张结构极其完备的问卷，发给每一个员工的问卷上罗列出上百种备选的特定任务或工作（如"更换并切割电线"），要求员工做的只是回答其否要做这些工作，如果是，那么再注明在每项工作任务上通常需要花多长的时间。在另一种极端情况下，完全将问卷设计成开放式，只简单地要求雇员回答诸如"描述你的主要工作任务"之类的问题。在实际中，最好的问卷通常都是介于这两种极端情况之间的，既有结构性的问题也有开放式的问题。无论是结构性的问卷，还是非结构性的问卷，都有其优缺点。

三、工作分析的实施

（一）工作分析的流程

1. 准备阶段

准备阶段的具体任务是成立工作分析小组，了解情况，建立联系，设计岗位调查方案，规定调查的范围、对象和方法。

（1）掌握各种基本信息

根据工作分析的总目标、总任务，对企业各类岗位的现状进行初步了解，掌握各种基本数据和资料。

①确定工作分析需要的信息类型

工作分析需要的信息类型其实质就是规范的职务描述应包括的内容或要素，即工作活动、工作程序、物理环境、社会环境和个人条件。

②工作分析的信息形式

工作分析的信息形式分为定量和定性或介于两者之间三种形式。典型的定性形式是用词语表示工作分析的结果，一般性地描述工作内容、工作条件、社会关系和个性要求等内容。定量信息是使用数量单位表示测量的结果，如工作中的氧气消耗量、单位时间内的产量、单位时间内的差错次数、工作小组的规模、能力测量的标准和对工作的评定分等。

③工作分析（信息收集）的方法

工作分析的方法实质上就是收集工作分析所需的信息资料的方法，如前面所介绍的实践法、观察法、访谈法、问卷调查法、工作日志法和关键事件法等。

④确定由谁来收集信息

收集信息的人员可以是组织内部或外部的咨询员、工作分析专家、管理者和工作的承担者。若组织规模很大而且不同区域有独立的人力资源管理部门，工作分析则由这些部门的分析人员完成。信息收集人员所需的仪器设备，可以是照相机、生理记录仪等。另外，企业要选择有分析能力、写作技巧、善于沟通和熟悉业务的人员担任分析员的角色，并对他们做工作分析的专业培训。

（2）设计岗位调查方案

①明确岗位调查的目的

岗位调查的任务是根据岗位研究的目的，收集有关反映岗位工作任务的实际资料。因此，在岗位调查的方案中要明确调查目的。有了明确的目的，才能正确确定调查的范围、对象和内容，选定调查方式，弄清应当收集哪些数据资料，到哪儿去收集岗位信息，用什么方法去收集岗位信息。

②确定调查对象和单位

调查对象是指被调查的现象总体，它是由许多性质相同的调查单位所组成的一个整体。所谓调查单位，是指构成总体的每一个单位。如果将企业劳动组织中的生产岗位作为调查对象，那么每个操作岗位就是构成总体的调查单位。在调查中如果采用全面的调查方式，须对每个岗位（岗位即调查单位）一一进行调查，如果采用抽样调查的方式，则应从总体中随机抽取一定数目的样本进行调查。能不能正确地确定调查对象和调查单位，直接关系到调查结果的完整性和准确性。

③确定调查项目

在上述两项工作完成的基础上，应确定调查项目，这些项目所包含的各种基本情况和指标，就是需要对总体单位进行调查的具体内容。

④确定调查表格和填写说明

调查项目中提出的问题和答案，一般是通过调查表的形式表现的。为了保证这些问题得到统一的理解和准确的回答，便于汇总整理，必须根据调查项目，制定统一的调查问卷和填写说明。

⑤确定调查的时间、地点和方法

确定调查时间应包括：明确规定调查的期限，指出从什么时间开始，到什么时间结束；明确调查的日期、时点。在调查方案中还要指出调查地点，调查地点是指登记资料、收集数据的地点。最后，在调查方案中，还应当根据调查目的和内容，决定采用什么方式进行调查。调查方式方法的确定，要从实际出发，在保证质量的前提下，力求节省人力、物力和时间，能采用抽样调查、重点调查方式，就不必进行全面调查。

为了做好工作分析，还应做好员工的思想工作，说明该工作分析的目的和意义，建立友好合作的关系，使有关员工对岗位分析有良好的心理准备。根据工作分析的任务、程序，分解成若干工作单元和环节，以便逐项完成。组织有关人员先行一步，学习并掌握调查的内容，熟悉具体的实施步骤和调查方法。必要时可先对若干个重点岗位进行初步调查分析，以便取得岗位调查的经验。

2. 调查阶段

调查阶段是一个收集信息的实质性过程，运用访谈、问卷、观察、实践等方法收集与工作有关的信息，广泛、深入地收集有关岗位的各种数据资料并进行全面的调查分析。关于工作的调查分析要围绕工作本身来进行，对某项职务应承担工作的各个构成因素进行调查分析，确定和描述该岗位的工作性质、内容、任务和环境条件。同时还要研究一个岗位的具体工作活动，考察与这个岗位有关的所有方面，明确此岗位工作本身的特点。

关于人员的调查分析（针对人员进行的）要研究每一岗位的任职者所应该具有的基本任职条件，它是在工作描述的基础上，分析研究和确定担任该项职务的人员应具备的工作能力、知识结构、经验、生理特征和心理特征等方面的信息，它解决的问题是什么样的人可以从事这项工作。与此同时，可以根据调查信息，针对具体的岗位构建胜任特征模型。

3. 分析阶段

分析阶段是岗位分析的关键环节，它首先要对岗位调查的结果进行深入细致的分析，最后采用文字、图表等形式进行全面的归纳和总结。

具体工作如下：①仔细审核、整理获得的各种信息。②创造性地分析、发现有关工作和工作人员的关键要素。③归纳、总结出工作分析的必需材料和要素。

4. 描述阶段

工作分析并不是简单地收集和积累某些信息，而是要对岗位的特征和要求进行全面深入的考察，充分揭示岗位主要的任务结构和关键的影响因素，并在系统分析和归纳总结的基础上，撰写出工作描述和工作规范（即工作说明书）等人力资源管理的规章制度。

此阶段的任务就是根据工作分析信息编制"工作描述"与"工作规范"，即工作说明书。

具体工作如下：①根据工作分析的信息草拟工作说明书。②将草拟的工作说明书与实际工作对比。③根据对比结果决定是否修正和如何修正，是否需要进行再次调查研究。④若需要，则重复 2~3 步工作，尤其是特别重要的岗位，可能要对工作说明书进行多次修订。⑤形成最终的工作说明书。

5. 运用阶段

运用阶段是对工作分析的验证，只有通过实际的检验，工作分析才具有可行性和有效性，才能不断适应外部环境的变化，从而不断地完善工作分析的运行程序。此阶段的工作主要有两部分：第一，培训工作分析的运用人员。这些人员在很大程度上影响着分析程序运行的准确性、运行速度及费用，因此，培训运用人员可以增强管理活动的科学性和规范性。第二，制定各种具体的应用文件。

6. 总结阶段

对工作分析的工作本身进行总结评估，并将工作说明书归档保存（可运用现今的信息技术动态地加以保存），为今后的工作分析提供借鉴和信息基础。

（二）起草和修改工作说明书的具体步骤

进行系统全面的岗位调查，并起草工作说明书的初稿。人力资源部组织工作分析专家，包括各部门经理、主管及相关的管理人员，分别召开有关工作说明书的专题研讨会，对工作说明书的修订提出具体意见。从报告书的总体结构到每个项目所包括的内容，从本部室岗位设置的合理性，到每个岗位具体职责权限的划分以及对员工的要求等，都要进行细致认真的讨论，并逐字逐句地对工作说明书进行修改。

（三）工作分析的结果

1. 工作描述

（1）工作描述的内容

工作描述主要解决工作内容与特征、工作责任与权利、工作目的与结果、工作标准与要求、工作时间与地点、工作岗位与条件、工作流程与规范等问题。工作描述没有统一的标准，但通常包括以下几个方面。

1）基本情况

如工作名称，指组织对从事一定工作活动所规定的工作名称或工作代码，以便于对各种工作进行识别、登记、分类以及确定组织内外的各种工作关系。工作名称应当简明扼要，力求做到能识别工作的责任以及在组织中所居的地位或所属部门。

2）工作内容（工作职责）

工作内容是工作描述的主体部分，必须详细描述、列出关键的工作内容，包括：

①所要完成的工作任务与承担的责任；②执行任务时所需的条件，如使用的原材料和机器设备；③工作流程与规范；④与其他人的正式工作关系；⑤接受监督以及进行监督的性质和内容等。

3）工作环境

工作环境包括物理环境和社会环境两个方面。首先，工作描述要完整地描述个人工作的物理环境，包括工作地点的温度、光线、湿度、噪声、安全条件等。此外还包括工作的地理位置，可能发生意外事件的危险性等。其次，工作分析要分析社会环境，这是工作描述的新趋势。它包括：①工作群体中的人数及相互关系；②工作群体中每个人的个人资料，如年龄、性别、品格等；③完成工作所要求的人际交往数量和程度；④与各部门之间的关系；⑤工作地点内外的公益服务、文化设施、社会习俗等。

4）职业阶梯

职业阶梯即该岗位在组织中的位置、对组织的贡献、上下级关系、晋升路线和条件等，让新员工一看到工作说明书就对自己的未来职业发展有一个全面的了解，更好地激励新员工努力工作。

5）工作权限

工作权限说明该岗位的工作人员的相关权限，比如对资源的分配权、人员调配权等，让员工一拿到自己的工作说明书，就清楚自己的工作权限，防止越权。

6）工作时间

分析该岗位的工作时间，比如每周工作时间，每天工作时间，特别是有没有倒班的情况等。员工可以结合自身的情况，安排好工作和生活。

7）工作绩效标准

通过分析岗位的职责，围绕工作内容设定工作目标和工作标准。明确地规定工作中哪些行为是组织允许的，哪些行为是组织所不允许的，这样员工就能随时了解自己的工作效果。工作绩效标准明确地说明了工作要做到什么程度才是符合标准的，员工可以对照自己的工作表现，进行自我检测。

（2）工作描述的要求

1）清楚

工作描述清楚明了，让人一看就清楚工作的相关信息，对于指导工作有一定的帮助。

2）具体

工作描述越具体越好，要有很强的针对性，应针对每个岗位分别进行工作描述。

3）简洁

短而准确。工作说明书作为指导工作、招聘、培训、绩效管理和薪酬管理的依据，应做到简洁，用语精确到位。

4）指明权力范围

本岗位的权力范围、工作权限越明确，工作中的纠纷越少。

5）最后的检查

以"如果一个新员工阅读了这个工作描述，他能否理解要做的工作？"作为检查标准。

2. 工作规范

（1）工作规范的概念

工作规范又称岗位规范或任职资格，是指任职者要胜任该项工作必须具备的资格与条件。工作规范说明了一项工作对任职者在教育程度、工作经验、知识技能、体能和个性特征方面的最低要求。工作规范是工作说明书的重要组成部分。

（2）工作规范的主要内容

工作规范包括的内容多，覆盖的范围大，大致涉及以下几个方面。

1）岗位劳动规则

岗位劳动规则即企业依法制定的要求员工在劳动过程中必须遵守的各种行为规范。岗位劳动规则通常包括以下几方面。

①时间规则

对作息时间、考勤办法、请假程序等方面所作的规定。

②组织规则

企业单位对各个职能、业务部门以及各层级组织机构的权责关系、指挥命令系统、所受监督和所施监督、保守组织秘密等内容所作的规定。

③岗位规则

岗位规则也称岗位劳动规范，是对岗位职责、劳动任务、劳动手段和工作对象的特点、操作程序、职业道德等所提出的各种具体要求。它包括岗位名称、技术要求、上岗标准等具体内容。

④协作规则

企业单位对各个工种、工序和岗位之间的关系，上下级之间的配合等方面所作的规定。

⑤行为规则

对员工的行为举止、工作用语、着装、礼貌礼节等所作的规定。

这些规则的制定和贯彻执行，有利于维护企业正常的生产秩序，监督劳动者严格按照统一的规则和要求履行自己的义务，按时保质保量地完成工作任务。

2）定员定额标准

定员定额标准即对企业劳动定员定额的制定、贯彻执行、统计分析以及修订等各个环节所作的统一规定。定员定额标准包括编制定员标准、各类岗位人员标准、时间定额标准和产量定额标准等。

3）岗位培训规范

岗位培训规范即根据岗位的性质、特点和任务要求，对本岗位员工职业技能培训与开发所作的具体规定。

4）岗位人员规范

岗位人员规范即在岗位系统分析的基础上，对某类岗位员工任职资格以及知识水平、工作经验、文化程度、专业技能、心理品质、胜任能力等方面的素质要求所作的统一规定。

（3）工作规范的结构模式

按工作规范的具体内容，工作规范有以下几种基本形式。

1）管理岗位知识能力规范

管理岗位知识能力规范是对各类岗位的知识、能力和工作经验要求所作的统一规定，一般包括以下内容。

①知识要求

胜任本岗位工作应具有的知识结构和知识水平。

②能力要求

胜任本岗位工作应具备的各种能力素质。

③经历要求

能胜任本岗位工作，一般应具有一定年限的实际工作经验，从事低一级岗位的工作经历，以及与之相关的工作经历。

2）管理岗位培训规范

它主要包括以下几项内容。

①指导性培训计划

指导性培训内容即对本岗位人员进行培训的总体性计划。主要内容有培训目的、培训对象、培训时间、培训项目、课程的设置与课时分配、培训方式、考核方法等。

②参考性培训大纲和推荐教材

在培训大纲中应明确各门课程的教学目的、内容和要求，以及教学方式方法。推荐教材要符合培训大纲的要求，讲求针对性和实用性。

3）生产岗位技能业务能力规范

它是我国传统的国有企业所使用的一种劳动规范，主要包括以下三项内容。

①"应知"

"应知"指胜任本岗位工作所应具备的专业理论知识，如所使用机器设备的工作原理、性能、构造，加工材料的特点和技术操作规程等。

②"应会"

"应会"指胜任本岗位工作所应具备的技术能力，如使用某一设备的技能，使用某种工具、仪器仪表的能力等。

③工作实例

根据"应知""应会"的要求，列出本岗位的典型工作项目，以便判定员工的实际工作经验，以及"应知""应会"的程度。

（4）生产岗位操作规范

生产岗位操作规范也称生产岗位工作规范，主要包括以下几项内容：①岗位的职责和主要任务。②岗位各项任务的数量和质量要求，以及完成期限。③完成各项任务的程序和操作方法。④与相关岗位的协调配合程度。

3. 工作说明书

（1）工作说明书的概念

工作说明书是组织对各类岗位的性质和特征（识别信息）、工作任务、职责权限、岗位关系、劳动条件和环境，以及本岗位人员任职的资格条件等事项所作的统一规定。

（2）工作说明书的分类

工作说明书根据所说明的对象，可以分为三类。

1）岗位工作说明书

即以岗位为对象编写的工作说明书。

2）部门工作说明书

即以某一部门或单位为对象编写的工作说明书。

3）公司工作说明书

即以公司为对象编写的工作说明书。

（3）工作说明书的主要项目

1）基本资料

基本资料主要包括岗位名称、岗位等级、岗位编码、定员标准、直接上下级和分析日期等方面的识别信息。

2）岗位职责

岗位职责主要包括职责概述和职责范围。

3）监督与岗位关系

监督与岗位关系说明本岗位与其他岗位之间在横向与纵向上的联系。

4）工作内容和要求

它是岗位职责的具体化，是对本岗位所要从事的主要工作事项做出的说明。

5）工作权限

为了确保工作的正常开展，必须赋予每个岗位不同的权限，但权限必须与工作责任协调一致。

6）劳动条件和环境

它是指在一定时空范围内工作所涉及的各种物质条件。

7）工作时间

工作时间包括长度的规定和工作轮班的设计两个方面的内容。

8）资历

资历由工作经验和学历条件两个方面构成。

9）身体条件

身体条件是结合岗位的性质、任务对员工的身体条件做出的规定，包括体格和体力两项具体要求。

10）心理品质要求

心理品质要求应紧密结合本岗位的性质和特点，深入进行分析，并做出具体的规定。

11）专业知识

专业知识和技能要求等。

12）绩效考评

从品质、行为和绩效等多个方面对员工进行全面考核和评价。

4. 工作规范与工作说明书的区别

工作规范与工作说明书两者既相互联系，又存在着一定区别。

（1）从其涉及的内容来看

工作说明书以岗位的"事"和"物"为中心，对岗位的内涵进行系统、深入的分析，并以文字和图表的形式加以归纳和总结，成为企业劳动人事管理规章制度的重要组成部分，为企业进行岗位设计和岗位评价及人力资源管理各项基础工作提供了必要的前提和依据。而工作规范所覆盖的范围、所涉及的内容要比工作说明书广泛得多，只是其中有些内容，如岗位人员规范，与工作说明书的内容有所交叉。

（2）工作说明书与工作规范所突出的主题不同

例如，岗位人员规范是在岗位分析的基础上，解决"什么样的员工才能胜任本岗位工作"的问题，以便为企业员工的招收、培训、考核、选拔、任用提供依据。而工作说明书则通过岗位系统分析，不但要分析"什么样的员工才能胜任本岗位工作"，还要正确回答"该岗位是一个什么样的岗位，这一岗位做什么，在什么地点和环境条件下做，如何做"。总之，工作说明书要对岗位进行系统、全面、深入的剖析。从这个意义上说，工作规范是工作说明书的一个重要组成部分。

（3）从具体的结构形式来看

工作说明书一般不受标准化原则的限制，其内容可繁可简，精细程度深浅不一，结构形式呈现多样化。

四、工作设计

企业可通过对工作的内容、功能和相互关系等进行设计，发挥工作内在的激励作用，调动员工的工作积极性，降低成本，提高生产率。为了发挥工作的内在激励作用，企业可通过以下几种方式来进行工作设计。

（一）工作轮换

工作轮换可以避免常规化的工作易使人单调乏味的缺陷。工作轮换有纵向和横向两种类型，纵向轮换指的是升职或降职，而工作设计中通常采取的工作轮换是水平方向上岗位的多样变化，即横向的工作轮换。工作轮换可以先制订培训计划，让员工在一段时间内在一个岗位上工作然后再换到另一岗位工作，以此为手段对员工进行培训。也可以在当前的工作使人产生厌倦和单调、不再具有挑战性时，让其从事另一项工作。

（二）工作扩大化

工作扩大化是通过增加员工工作的种类，扩大职务范围，使其同时承担几项工作，或者做周期更长的工作循环，来减少对工作的厌烦，增加对工作的兴趣。随着工作任务的增加和多样性的提高，个体在工作时表现出更多的变化。

（三）工作丰富化

工作丰富化是让员工对自己的工作施加更大的控制，使其有机会参与工作的计划和设计，得到信息反馈，评价和改进自己的工作，增强责任感和成就感，对工作本身产生兴趣。工作丰富化与工作扩大化是有区别的。工作扩大化是扩大工作的水平范围，增加的工作在类型上是相同或相似的，要求的工作能力和技术也是大致相同的。而工作丰富化是从纵向上扩大工作范围，即扩大工作的垂直负荷，要求员工完成更复杂的任务，有更大的自主性，负更大的责任，因而对其能力和技术也就提出了更高的要求。

（四）工作时间选择

工作设计是一种极为有效的内在激励，但工作设计的科学性和专业性较强，对管理水平的要求较高。工作时间可采取压缩工作周、弹性工作制、通过互联网在家工作等方式。

1. 压缩工作周

可将 5 个 8 小时的工作日组成的工作周压缩为每周 4 个 10 小时的工作日，虽然工作日被压缩了一天，但每周总的工作时数不变。它没有给员工增加多少选择工作时间的自由度，只是对工作时间的安排提供了一种新的选择。

2. 弹性工作制

弹性工作制是要求员工每周工作一定的时数，但在限定范围内可以自由地变更工作时间的一种时间安排方案。按照弹性工作制，一天的工作时间由共同工作时间（通常为5~6小时）和弹性工作时间组成。在共同工作时间里，所有的员工都要求在岗位上，而在弹性时间里，员工可自行安排。

3. 通过互联网在家工作

利用互联网在家工作减少了上下班交通上的时间耗费和心理压力，提高了处理家庭事务的灵活性。员工对自己的时间拥有充分的支配权，可将工作安排在最具效率的时间段内进行，不仅提高了工作满意感和积极性，还有利于创造性的发挥。但是在家工作也带来了新的问题，这种安排方案使员工处于互相隔离的状态，缺少了正常办公所提供的日常社会交往。而对管理者来说，他只接触到员工的工作结果，对工作过程无法控制，管理的难度和风险增加了。

第二节 组织设计

一、组织设计的原则和内容

（一）组织设计的基本原则

组织设计是以组织结构安排为核心的组织系统的整体设计工作。当我们谈论决策应在哪一层次做出，或者员工要遵循哪些规则之时，所指的就是组织设计。组织设计的原则尽管体现为流动性，但历经数十年设计理论与实务的演化，还是存在着较为一般性的基本原则。这些基本原则，为企业设计既有效率又有效果的组织提供了强有力的指导。当然，任何原则性的条文，在发挥正向作用的同时，也不可避免地产生着负向作用。所以，在具体运用这些原则指导组织设计时，既要注意坚持，又要注意超越。

1. 目标明确化原则

任何一个组织的存在，都是由它特定的目标决定的，设计组织的目的，就是要保证实现组织目标，完成组织的任务。所以，在建立管理组织机构时，一定要明确总的目标、各个分支机构的分目标，以及每个人的工作，这就是目标明确化原则。明确的目标是衡量组织工作是否有效的首要标准，目标不明成果好坏就无法确定。离开了组织目标，则其工作效果必然是无功或虚功或负功。目标明确的组织机构，才能指引管理部门，使每个组织成员的工作指向组织的目标，指向成果。

当前，最值得警惕的一种倾向是，在建立组织机构时，不是围绕着组织目标和工作任务因事择人，而是因人设事。应该明确一点，管理组织的设计，应围绕组织目标，要以事为中心，因事设机构、职务，配备人员，做到人与事的高度配合，而不能以人为中心，因人设职，因职找事。

2. 分工协作原则

在实现总目标的过程中，必然要划分许多活动和职能，为使管理工作有成效并协调，就必须进行专业分工和协作。分工是按照提高管理专业化程度和工作效率的要求，把组织的目标、任务分成各级、各部门、各个人的任务、目标，明确干什么、怎么干。有分工还必须有协作，明确部门间和部门内的协调关系与配合方法。分工要注意以下问题：一是尽可能按照专业化的要求设置组织机构；二是工作上要有严密分工；三是要注意到分工带来的效益。协作要注意以下两个问题：一是自动协作是至关重要的；二是对协调中的各项关系，应逐步走上规范化、程序化，应有具体可行的协调配合方法以及违反规范后的惩罚措施。

3. 统一指挥与分权管理相结合原则

有效的组织必须有统一的指挥。组织中的每个职务都要有人负责，每个人都应该知道他向谁负责，有哪些人要对他负责。它要求各级管理组织机构必须服从上级管理机构的命令和指挥，而且非常强调只能服从一个上级的命令和指挥，并对他负责，在指挥和命令上严格地实行"一元化"。上下级之间的上传下达，都要按层次进行，不得越级，这就形成了一个"指挥链"。如果从两个或两个以上的上级接受命令，就会造成多头领导和多头指挥，从而可能造成管理组织的混乱。

但是，实行统一指挥原则，并不是要把一切权力都集中在组织最高一级管理层，而应是既有集权，又有分权，该集中的权力必须集中起来，该下放的权力就应当充分地下放给下级，这样才可以加强部门的灵活性和适应性，才能充分调动各级管理者的积极性。如果事无巨细，把所有的权力都集中于最高一级领导层，不仅会使最高领导湮没于烦琐的事务中，顾此失彼，无法调动下属的积极性，甚至使其成为庸庸碌碌的事务主义者。

4. 权责对等原则

组织中每个部门和职务都必须完成规定的工作。而为了从事一定的活动，需要利用一定的人、财、物等资源。因此，为了保证"事事有人做""事事都能正确地做好"，不仅要明确各个部门的任务和责任，而且在组织设计中，还要规定相应的取得和利用人力、物力、财力以及信息等工作条件的权力。没有明确的权力，或权力的应用范围小于工作的要求，则可能使责任无法履行，任务无法完成。当然，对等的权责也意味着赋予某个

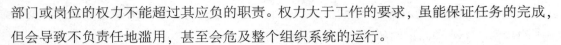

部门或岗位的权力不能超过其应负的职责。权力大于工作的要求，虽能保证任务的完成，但会导致不负责任地滥用，甚至会危及整个组织系统的运行。

5. 管理幅度原则

所谓管理幅度，就是研究一个管理者能够领导多少下属。每一个管理者的时间、精力和能力是有限的，一个上级管理者能够直接有效地指挥的下属数量有一定限度。当管理者的下属人员数以数学级数增加时，管理者和下属之间相互影响的总数量，将以几何级数增加。

6. 管理层次原则

组织的层次取决于组织机构总任务的工作量及管理幅度。总任务工作量大，组织中总人数多，组织的层次必然增加。但在完成同样数量的工作时，管理幅度越狭窄，则所需管理层次也越多。从管理的质量和效率来看，在最高管理层和最基层工作人员之间，如果组织层次过多，不利于上传下达，相互沟通。

管理层次的增加虽有弊病，但是，从系统论的观点看，组织有方的大系统比小系统有更高的功效。从社会发展的现实来看，整个社会趋向于组织严密的大系统，适当增加组织层次，加大管理幅度，是必然趋势。因此，在组织管理中，应进一步研究授权、组织体制和组织机构类型等问题。一般来说，应该在通盘考虑决定管理幅度因素后，在实际运用中再根据具体情况确定管理层次。

此外，高效和相对稳定原则、才职相称原则，也是进行组织设计所必须遵循的原则。

（二）组织设计的内容

组织设计一般包括以下内容：①把为实现管理目标所必须进行的各项业务活动，根据其内在的联系及工作量进行分类组合，设计出各种基本职务和组织机构。②规定各种职务、各个组织机构的责、权、利及其与上下左右的关系，并用组织系统图和责任制度、职责条例、工作守则等形式加以说明。③选拔和调配合适的人员担任相应的职务，并授予执行职务所必需的权力，使每个人都能充分发挥作用。④通过职权关系和信息系统，把各个组织机构连成一个严密而又有活力的整体。⑤对组织系统内的职工进行教育培训和智力开发，使他们的知识不断更新，更有效地完成自己所承担的工作。

（三）组织设计应考虑的因素

一个好的组织设计应当具有清晰的职责层次顺序、流畅的意见沟通渠道、准确的信息反馈系统、有效的协调合作体系、相对封闭的组织结构。同时，随着社会的进步和经济的发展，执行管理功能的组织不能一成不变，不能刻板僵化，应当随着外部环境的改变，对组织进行相应的变革。组织设计应当充分考虑以下因素。

1. 目标明确

一个好的组织必须目标明确。首先应该明确大系统的总目标，这个目标是衡量一个系统的工作是做正功还是做负功、无功、虚功的标准。组织的设计和建立必须能指引管理部门，将每个组织成员的视线指向组织的总目标，指向成果。如果组织目标不明确，导致管理部门和组织成员的视线偏离总目标，则不仅难以做到整体大于部分之和，而且成果的总和是有利还是有弊，也是不确定的。

2. 任务明确

组织系统的目的、目标和任务是一致的，但三者概念的层次不同。在管理过程中，在目的的指引下制定具体的目标，由目标落实到任务。因此，不仅目标要明确，而且任务要落实。组织的设计和建立应能使每一个成员，尤其是管理人员的工作专门化，做任何一项工作必须具体且特定。

共同的任务是各管理单位和个人任务的基础。组织中的每一个成员，都必须了解个人的任务应该如何配合整个组织的任务，也必须知道整个组织的任务对个人的意义。只有这样，组织中每一个成员的努力才能符合整个组织的共同利益。

3. 完成任务的方法明确

任务明确后还必须明确如何完成任务，这也是组织设计的特点，不仅总的任务要明确，而且各层次的分任务也应明确，即完成任务的每一个步骤，甚至每一行动的要求都应是明确的。组织中的每一个管理单位及组织中的每一个成员，都必须清楚其所处的地位和归属，了解从何处取得所需的指令和资料，知道如何去完成工作任务。

4. 管理效率高

所谓管理效率高，是指管理机构应花最少的人力，尤其是最少的高绩效人才（高级管理人才），完成组织所需要的管理、监督及引导有关人员的执行等任务，保持机构的正常运转，达成组织的目标。也就是说，管理效率高就是以最少的人力来从事管理、组织、内部控制、内部联系及处理人事问题。因此，组织结构必须能促成人的自我管理和自我激励。

5. 决策合理性

组织设计如何才能有效地向目标逼近，每一步都需要决策。一个组织机构必须经得起决策程序的考验，考验其是否有助于做出正确决策，能否使决策转化为行动和结果。

6. 沟通渠道畅通

在管理中，沟通要以信息沟通去指引人力、物力、财力的沟通。一个组织的优劣，在很大程度上取决于沟通，特别是信息沟通的能力。组织的设计和建立，应保证有畅通的信息沟通渠道，促进信息的传递速度、准确性，提高信息接受率。

7. 稳定性与适应性

组织必须有相当程度的稳定性，能够以之前的成就为基础，从事本身的建设，规划未来，保持本身的稳定性和连续性。但是，稳定并不意味着一成不变，相反，它必须随着环境变化而变化，使组织结构具有高度的适应性。一个完全刚性的结构，往往难以达到真正的稳定。组织结构只有能够随时调整以适应新的形势、新的要求和新的条件，才能稳定。

8. 具有自我更新能力

一个有生命力的组织机构，还必须能够根据组织目标的变化对组织机构提出的新要求不断调整自身的组织机构，完善内部管理，通过提高组织成员的经验和能力完善组织机能，而使组织具有执行新工作的能力。

在管理组织工作的实践中，一旦察觉到以下情况，就必须着手对组织进行调整和更新：一是信息不灵，情况不清，假象屡现；二是职责不明，摩擦不断，内耗丛生；三是力量分散，行动迟缓，不能统一；四是职能部门效率低，彼此之间不协调；五是层次太多，或控制跨度过大等。

（四）组织设计的程序

组织设计一般要经过以下程序。

第一步，确定组织总体目标和方向。

第二步，确定各部门的（派生的）目标、任务和工作计划。

第三步，确定各部门为实现目标、完成任务所必需的业务活动。

第四步，按照所具备的人力、物力等条件组织活动，并根据具体情况用最好的方式使用这些人力和物力，取得最大的使用效果。

第五步，明确各部门负责人必要的职权，使所授权力能开展这些业务活动。

第六步，通过职权关系和信息系统，将各横向及纵向部门的工作联系起来，保证组织有效运转。

二、组织结构设计的类型

建立管理的组织结构，需要有一定的形式，这个组织形式主要解决各个部门、各个环节领导和从属的关系，即有比较稳定的组织形式把各个部门、各个环节领导和从属的关系固定下来，使上下级更好地沟通，更好地进行管理活动，避免管理上的混乱现象。这也是建立一个有权威的管理系统必不可少的条件。

管理机构的组织形式随着生产、技术和经济的发展而不断演变，但应与管理组织的目标、状态、条件、规模相适应。规模不同，组织形式也不一样。从企业组织机构的发展来看，有以下几种基本的组织形式。

（一）一般组织结构的设计

1. 直线制组织形式

对生产规模小、生产流程非常简单的工业企业，通常采用直线制组织形式，即厂长下设若干车间主任，每一车间主任下又设若干班组长。这种组织形式，一切指挥和管理职能基本上由行政负责人执行，只有少数职能人员协助，但不设专门的职能机构。这种机构形式比较简单，指挥管理统一，责任和权限比较明确，但它要求行政负责人通晓多种专业管理知识，能亲自处理许多业务。因此，这种形式只适用于比较简单的管理系统。

2. 直线职能制组织形式

在直线职能制组织形式中，各级行政负责人有相应的职能机构作为助手，以充分发挥其专业管理的作用，而每个管理机构内又保持了集中统一的生产指挥和管理。因此，这是一种较好的组织结构形式。

3. 矩阵式组织形式

矩阵式组织也叫规划目标结构组织。这里的"矩阵"，是从数学移植过来的概念。这种组织形式，把按照职能划分的部门和按照产品或项目划分的专题小组结合起来，形成一个矩阵。专题小组是为完成一定的管理目标或某种临时性的任务而设的。每个专题小组的负责人都在厂长的直接领导下工作，小组成员既受专题小组领导，又与原职能部门保持组织与业务联系，受原职能部门领导。

矩阵式组织结构有以下优点：①纵横交错，打破了传统管理中管理人员只受一个部门领导的原则，加强了各部门的联系，有利于互通情况，集思广益，协作配合，可以提高组织信息传递和协调控制的效率。②可以把不同部门、不同专业的人员组织在一起，发挥专业人员的长处，提高技术水平和管理水平。③能够充分利用各种资源、专业知识和经验，有利于新技术的开发和新产品的研制。④既能适应管理目标和组成人员的临时性，又能保持原有组织的稳定性。

采取矩阵式组织形式，可促进综合管理和职能管理的结合。我国在总结国内外企业管理经验的基础上，提出了全面计划管理、全面质量管理、全面经济核算和全面人事管理四项最基本的综合管理。这些管理制度包含着矩阵式组织的思想。

4. 分权事业部制组织形式

随着社会经济的迅速发展，在一部分大中型企业里，因为规模比较庞大，实行多种经营、跨国经营，产品、技术种类繁多，加上市场因素多变，为了适应这种需要，就采用了分权事业部制。

分权事业部制，是指在大公司之下按产品类别、地区或经营部门，分别成立若干自主营运的事业部，每个事业部均自行负责本身的效益及对总公司的贡献。事业部必须具备相对独立的市场、相对独立的利益和相对独立的自主权三个基本因素。这一组织制度实际上是在集中指导下进行分权管理，它是在职能制和直线职能制结构的基础上，为克服两者的缺点而发展起来的组织形式，是现代社会化大生产发展的必然趋势。

分权事业部制组织形式的基本原则是"政策制定与行政管理分开"，即"集中决策，分散经营"。也就是说，使公司最高一级领导层摆脱日常行政事务，集中力量来研究和制定公司的各项政策。例如，财权、重要领导人的任免、长期计划和其他主要政策由总公司掌握，而公司所属的各个事业部，则在总公司政策的控制下发挥自己的主动性和责任心。

（二）新型组织结构的设计

1. 团队结构

所谓工作团队，就是指为了实现某一目标而由相互协作的个体组成的正式群体。当管理人员动用团队作为协调组织活动的主要方式时，其组织结构即为团队结构。这种结构形式的主要特点是，打破部门界限，可以快速地组合、重组、解散，促进员工之间的合作，提高决策速度和工作绩效，使管理层有时间进行战略性的思考。

在小型公司中，可以把团队结构作为整个组织形式。例如，有一家30人的市场营销公司，完全按团队来组织工作，团队对日常的大多数操作性问题和顾客服务问题负全部责任。

在大型组织中，团队结构一般作为典型的职能结构的补充，这样组织既能得到职能结构标准化的好处，提高运行效率，又能增强组织灵活性。例如，为提高基层员工的生产率，像摩托罗拉公司、惠普公司、施乐公司这样的大型组织都广泛采用自我管理的团队结构。

2. 虚拟结构组织

虚拟结构是一种只有很小规模的核心组织，以合同为基础，依靠其他商业职能组织进行制造、分销、营销或其他关键业务的经营活动的结构。这样做的目的是追求最大的灵活性。这些虚拟结构组织创造了各种关系网络，管理者如果认为别的公司在生产、配送、营销、服务等方面比自己更好，或成本更低，就可以把自己的有关业务外包给它们。

虚拟结构组织并不是对所有企业都适用的组织。它比较适合于玩具和服装制造企业，它们需要相当大的灵活性以对时尚的变化迅速做出反应。从不利的方面来看，虚拟结构组织的管理当局对其制造活动缺乏传统组织所具有的那种严密的控制力，供应品的质量也难以预料。另外，虚拟结构组织所取得的设计上的创新容易被窃取，因为创新产品一旦交由其他组织的管理当局去组织生产，要对创新加以严密防卫是非常困难的。

随着计算机网络技术的飞速发展，一个组织现在可以和其他组织直接进行相互联系和交流，使虚拟结构组织日益成为一种可行的新型设计方案。

3. 无边界组织

通用电气公司前首席执行官杰克·韦尔奇创造了无边界组织这个词，用来描述他理想中的通用公司的形象。韦尔奇想把他的公司变成一个年销售额达 600 亿美元的家庭式杂货店。也就是说，尽管公司体积庞大，韦尔奇还是想减少公司内部的垂直界限和水平界限，消除公司与客户及供应商之间的外部障碍。无边界组织寻求的是减少指挥链，对控制跨度不加以限制，取消各种职能部门，代之以授权的团队。

4. 学习型组织

组织智障，是指组织或团体在学习及思维方面存在的障碍。这种障碍最明显的表现是，组织缺乏一种系统思考的能力。这种障碍对组织来说是致命的，许许多多的企业因此走向衰落。因此，要使企业茁壮成长，必须建立学习型组织，即将企业变成一种学习型组织，以此来克服组织智障。

学习型组织理论认为，在新的经济背景下，企业要持续发展，必须提升企业的整体能力，提高整体素质。也就是说，企业的发展不能只靠像福特、沃森那样伟大的领导者一夫当关、运筹帷幄、指挥全局，未来真正出色的企业是能够设法使各级人员全心投入并有能力不断学习的组织——学习型组织。

所谓学习型组织，是指通过培养弥漫于整个组织的学习气氛，充分发挥员工的创造性思维而建立起来的一种有机的、高度柔性的、扁平的、符合人性的、能持续发展的组织。通过培育学习型组织的工作氛围和企业文化，企业具有不断学习、不断进步、不断调整的新观念，从而具有长盛不衰的生命力。

尽管学习型组织的前景十分诱人，但建立学习型组织并非易事，必须进行以下五项修炼。

（1）自我超越

它是学习型组织的精神基础。

（2）改善心智模式

心智模式是根深蒂固的，它影响我们如何了解这个世界，以及如何采取行动。

（3）建立共同愿景

共同愿景是指一个组织中各个成员发自内心的共同目标。在一个团体内整合共同愿景，涉及发掘共有"未来景色"的技术，帮助组织成员主动而真诚地奉献和投入。

（4）团队学习

团体的智慧总是高于个人的智慧。当团体真正在学习的时候，不仅团体能产生出色的效果，其个别成员的成长速度也比其他学习方式要快。

（5）系统思考

企业和人类的其他活动一样，也是一种系统，也都受到细微且息息相关的行为的牵连，彼此影响着，因此必须进行系统思考修炼。系统思考的修炼，是建立学习型组织最重要的修炼。

学习型组织的理念，不仅有助于企业改革与发展，而且对其他组织的创新与发展也有启示。人们可以运用学习型组织的基本理念去开发各自的组织，创造未来的潜能，反省当前存在于整个社会的种种学习障碍，思考如何使整个社会早日向学习型社会迈进，这才是学习型组织所产生的更深远的影响。

第四章　员工招聘

第一节　员工招聘基础理论

一、员工招聘的概念

员工招聘是指组织为了实现经营目标与业务要求，在人力资源规划的指导下，根据工作说明书的要求，按照一定的程序和方法，招募、甄选、录用合适的员工担任一定职位工作的一系列活动。

准确理解员工招聘的定义，应当把握以下几个要点。

1. 人力资源规划和工作分析是确保招聘科学有效的两个前提

人力资源规划决定了预计要招聘的部门、职位、数量、专业和人员类型。工作分析为招聘提供了参考依据，同时也为应聘者提供了关于该职位的基本信息。人力资源规划和职位分析使企业招聘能建立在比较科学的基础上。

2. 员工招聘工作主要包括招募、甄选和录用

人员招聘必须发布招聘信息，通过信息发布，让所有具备条件的人员知晓并吸引他们前来应聘。除了发布信息寻求潜在职位候选人之外，招聘工作还包括人员甄选和人员录用等内容。招募、甄选、录用是员工招聘工作的基本流程。

3. 人岗匹配是员工招聘的重要原则

成功的招聘活动应该实现人员与岗位的匹配，既不能出现大材小用，也不能出现小材大用。

4. 招聘的最终目标是满足组织生存和发展的需要

招聘是人力资源管理的重要职能活动之一，招聘工作和其他的人力资源管理模块一样，都必须服从和服务于组织的战略和目标需要。

二、员工招聘的目标

1. 恰当的时间

就是要在适当的时间完成招聘工作，以及时补充企业所需的人员，这也是对招聘活动最基本的要求。

2. 恰当的范围

就是要在恰当的空间范围内进行招聘活动，这一空间范围只要能够吸引到足够数量的合格人员即可。

3. 恰当的来源

就是要通过适当的渠道来寻求目标人员，不同的职位对人员的要求是不同的，因此要针对那些与空缺职位匹配程度较高的目标群体进行招聘。

4. 恰当的信息

就是在招聘之前要对空缺职位的工作职责内容、任职资格要求以及企业的相关情况做出全面而准确的描述，使应聘者能够充分了解有关信息，以便对自己的应聘活动做出判断。

5. 恰当的成本

就是要以最低的成本来完成招聘工作，当然这是以保证招聘质量为前提条件的，在同样的招聘质量下，应当选择费用最少的方法。

6. 恰当的人选

就是要把最合适的人员吸引过来参加企业的招聘，并通过甄选挑选出最合适的人选。

三、员工招聘的原则

（一）公平公正原则

员工招聘必须遵循国家的法律、法规和政策的规定，坚持平等就业、双向选择、公平竞争，在一定范围内面向社会公开招聘条件，对应聘者进行全面考核，公开考核的结果，通过竞争择优录用。企业对所有应聘者应该一视同仁。这种公平公正原则是保证用人单位招聘到高素质人员和实现招聘活动高效率的基础，是招聘的一项基本原则。国家关于平等就业的相关法律、法规和政策规范和制约着企业的招募、甄选和录用活动。

（二）因事择人原则

因事择人就是以事业的需要、岗位的空缺为出发点，根据岗位对任职者的资格要求来选用人员。只有这样，才可以做到事得其人，人适其事，防止因人设事、人浮于事的现象。

（三）人岗匹配原则

人岗匹配是招聘工作的重要目标，也是指导组织招聘活动的重要原则。人岗匹配意味着岗位的要求与员工的素质、能力、性格等相匹配。要从专业、技能、特长爱好、个性特征等方面衡量人员与岗位之间的匹配度。另外，人岗匹配也要求岗位提供的报酬与员工的动机、需求匹配，只有岗位能满足应聘者个人的需要，才能吸引、激励和留住人才。

（四）德才兼备原则

德才兼备是我们历来的用人标准。司马光说过一个千古不灭的道理：德才兼备者重用，有才无德者慎用，无德无才者不用。通用电气公司前总裁韦尔奇在他的"框架理论"中也说过此事。他以文化亲和度（品德）为横坐标，以能力为纵坐标，坐标内画十字，这样就把员工分成四类。在谈到对这四类不同员工的政策时，韦尔奇唯独对有能力但缺少文化亲和度（品德）的人提出了警告。因为无德无才的人没有市场和力量，并不可怕，唯独有才无德的人是最有迷惑力和破坏力的，许多企业失败与用错这种人有关。为此，在招聘选用工作中，必须对有才无德的人坚持不用。

（五）效率优先原则

效率优先是市场经济条件下一切经济活动的内在准则，员工招聘工作也不例外。招聘过程中发生的成本主要包括广告费用、宣传资料费用、招聘人员工资补助等。效率优先要求企业在招聘过程中以效率为中心，力争用最少的招聘成本获得最适合组织需要的员工。这就需要人力资源部门和其他部门密切配合，在招聘时采取灵活的方式，利用适当的渠道，作出合理的安排，以提高招聘工作的效率。

四、员工招聘的作用

（一）招聘工作保证企业正常的经营与发展

招聘是企业能够正常运作的前提，一方面，如果没有招聘到合适的员工，企业的研发、生产、销售等工作无法进行，因为这些工作都是由人的活动来完成的；另一方面，在组织中，人员的流动，如离职、晋升、降职、退休都是正常和频繁的现象，通过开展招聘活动，可以及时补充人力资源的不足，同时促进企业人力资源的新陈代谢，确保企业正常的经营与发展。

（二）招聘工作为企业注入新的活力，决定了企业竞争力的大小

企业通过招聘工作为企业引进新的员工，新员工将新的管理思想、工作模式和新的观念带到工作中，既为企业增添了新生力量，弥补了企业内部现有人力资源的不足，又

给企业带来了更多的新思维、新观念及新技术。如今，企业之间的竞争越来越表现为人的竞争，对优秀人才的争夺也成为企业之间较量的一个重要方面。有效的招聘可以为企业赢得组织发展所需要的人才，获得比竞争对手更优秀的人力资源，从而增强企业的竞争力。

（三）招聘工作能提升企业知名度，为企业树立良好的形象

企业通过各种渠道发布招聘信息可以提升企业的知名度，让社会各界更加了解企业，招聘活动是企业对外宣传的一条有效途径。因为企业在招聘的过程中要向外部发布企业的基本情况、发展方向、方针政策、企业文化、产品特征等各项信息，这些都有助于企业更好地展现自身的风貌，使社会更加了解企业，营造良好的外部环境，从而有利于企业的发展。研究表明，公司招聘过程的质量高低明显地影响应聘者对企业的看法，招聘人员的素质和招聘工作的质量在一定程度上被视为公司管理水平和公司效率的标志。正因为如此，现在很多外企对校园招聘给予高度的重视，一方面是要吸引优秀的人才，另一方面也是在为企业做形象宣传。

（四）招聘工作影响着人力资源管理的成本

作为人力资源管理的一项基本职能，招聘活动的成本构成了人力资源管理成本的重要组成部分，招聘成本主要包括广告的费用、宣传资料的费用、招聘人员的工资等，全部的费用加起来一般是比较高的。

第二节　员工招聘的程序

员工招聘是一个复杂、完整和连续的程序化操作过程，也是一项极具科学性和艺术性的工作。为了保证员工招聘工作的科学规范，提高招聘的效果，员工招聘活动一般要按照下面的几个步骤来进行：准备工作、员工招募、员工甄选、人员录用、招聘效果评估。

一、准备工作

（一）确定招聘需求

确定招聘需求是整个招聘活动的起点，招聘需求包括招聘的数量和招聘的质量，招聘的数量是指空缺的岗位人数，招聘的质量是岗位需要具备的任职资格。招聘需求一般由用工部门提出，并向人力资源部提交人员需求表，人力资源部门再根据组织的人力资源规划，与用人部门共同讨论并确定哪些职位确实需要补充人员，哪些职位能通过内部

调剂或加班的方式解决。只有明确招聘需求，才能开始进行招聘工作。

（二）组建招聘团队

人力资源的有关工作不是全部由人力资源部门负责，而是需要其他部门分工协作共同完成，招聘工作也是如此。一般来说，招聘团队应由人力资源部门和具体的用人部门挑选出来的成员组成，由具体的用人部门共同参与招聘工作，这是因为用人部门从专业的角度出发，能多方面、多角度、深层次地测试出应聘者的真实水平，减少招聘失误，以免耽误时机和浪费人力资源成本。而人力资源部门更多地承担组织、协调、建议等辅助角色。

（三）选择招聘渠道

招聘渠道可分为内部招聘渠道和外部招聘渠道，内部招聘是从组织内部发掘人才以填补职位空缺的方法，外部招聘是指从组织外部获取人才以填补组织内部职位空缺的方法。内部招聘渠道和外部招聘渠道各有利弊，企业应根据空缺的职位特点权衡利弊，选择恰当的招聘渠道，保证招聘的有效性。

（四）制订招聘计划

在正式开展招聘工作以前，须制订详细的招聘计划，以确保招聘工作有条不紊地进行。一般来说，招聘计划包括招聘的规模、招聘的范围、招聘的时间和招聘的预算。

1. 招聘的规模

招聘的规模是指企业准备通过招聘活动吸引应聘者的数量，招聘规模不能太大也不能太小，招聘规模太大会增加企业招聘的工作量和招聘成本；招聘规模太小，又不利于企业获取所需的人才，所以企业的招聘规模应适中。一般来说，企业是通过招聘录用的金字塔模型来确定招聘规模的，也就是说将整个招聘录用过程分为若干个阶段，以每个阶段参加的人数和通过的人数的比例来确定招聘规模。

2. 招聘的范围

一般来说，招聘活动的地域范围越大，越有可能招聘到合适的人才，但相应的成本也会越高，因此，招聘须在适当的范围内进行。首先，要视空缺职位的类型而定。对技能要求较低或比较普通的职位来说，企业从当地的劳动力市场上就可获得所需人员；随着职位层次的提高，由于符合要求的人员比例降低，招聘范围也应随之扩大，有时需要超出本地劳动力市场范围才能找到合适的人选。其次，还要考虑当地的劳动力市场状况，如果当地劳动力较为富余，则依靠本地劳动力市场即可解决问题；相反，如果当地劳动力市场比较紧张，则须将招聘范围扩大至本地区以外的劳动力市场以弥补空缺。所以，企业必须权衡招聘成本与招聘效果，视自身情况控制招聘范围。

3. 招聘的时间

招聘工作需要花费一定的时间，而且时间越宽裕，招聘效果通常会越好。但企业是因为有人员需求才进行招聘，如果不能及时填补职位空缺，则会影响到企业的正常运转。所以，企业应合理地确定招聘时间。在确定招聘时间时，企业应全面考虑可能发生的情况，如通知的邮寄时间、应聘者的行程时间等，以使规定的期限符合实际。一般来说，招聘时间可用以下公式来表示：

招聘时间 = 用人时间 − 招聘周期 − 培训周期

4. 招聘的预算

招聘需要一定的成本，因此在招聘工作开始前，要对招聘的预算进行估计，以保证招聘工作的顺利进行，以及日后对招聘效果进行评估。招聘过程中发生的费用通常包括人工费用、广告费用、业务费用等，有的企业还为应聘者报销食宿及往返路费，这些都要包含在招聘预算中。在计算招聘费用时，应当仔细分析各种费用的来源，并归入相应的类别中，以免出现遗漏或重复计算。

二、员工招募

招聘准备工作就绪后，就进入员工招募环节。所谓员工招募，就是指寻找员工可能的来源和吸引他们到组织应征的过程。

在这一阶段，企业要将招聘信息通过多种渠道向社会发布，向社会公众告知用人计划和要求，确保有更多符合要求的人员前来应聘以供筛选。一般来说，信息发布面越广、越及时，接收到信息的人越多，应聘者就越多，组织选择范围也越大，但相应的信息发布的费用就越高。发布招聘信息要注意两个方面的问题，一是招聘信息包含的内容，二是发布招聘信息应遵循的原则。

（一）招聘信息应包含的内容

为了使应聘者能客观地了解企业和所需应聘的岗位，做出正确的选择，发布的招聘信息至少应包含以下内容：①该工作岗位的名称及工作内容；②必备的任职资格；③应聘的程序；④招聘的截止日期；⑤有关招聘组织的描述性信息；⑥薪金和福利的相关信息；⑦工作条件、工作时间、工作地点等信息；⑧对求职信或个人简历的要求。

（二）发布招聘信息应遵循的原则

1. 广泛原则

发布招聘信息的面越广，接收到该信息的人就会越多，则应聘人员中符合职位要求的人比例就会越大。

2. 及时原则

在条件允许的情况下，招聘信息应该尽早地向社会公众发布，这样有利于缩短招聘进程，而且有利于使更多的人获知信息。

3. 层次原则

由于潜在的应聘人员都处在社会的某一层次，应根据空缺职位的特点，通过特定渠道向特定的人员发布招聘信息，以提高招聘的有效性。

4. 真实原则

在向外界发布招聘信息时，一定要客观真实。在招聘过程中，企业和员工是双向选择，员工只有通过招聘信息真实地了解企业，才能正确地选择，避免因企业发布虚假信息而误导求职者，导致其成功应聘进入企业后不久便离职的现象。

三、员工甄选

员工甄选是指组织根据一定的条件和标准，运用科学的方法和手段，对应聘者进行严格的审查、比较和选择，发现和获得组织所需要员工的过程。甄选是员工招聘过程中最关键的一个环节，甄选质量的高低直接决定选拔出来的应聘者是否能达到组织的要求；甄选的最终目的是将不符合要求的应聘者淘汰，挑选出符合要求的应聘者供企业进一步筛选。

四、人员录用

应聘者经过层层筛选，最后一个步骤就是录用。人员录用是指对从招聘选拔阶段层层筛选出来的候选者中选择出符合组织需要的人做出最终录用决定，通知其报到并办理就职手续的过程。人员录用对组织来说至关重要，如果有失误则可能使整个招聘过程功亏一篑。人员录用主要包含以下几个方面的内容：

（一）录用决策

录用决策主要是对甄选过程中产生的信息进行综合评价与分析，明确每个求职者的胜任素质和能力特点等，根据预先设计的人员录用标准对所有候选人进行客观、公正的评价，确定最符合企业要求的人选。

（二）通知应聘者

1. 录用通知

作出录用决策后，企业应及时通过正式信函、电话、邮件等方式通知录用者，让录用者了解具体的职位、职责、薪酬等，并知会报到时间、地点、方法及报到应携带的资料与注意事项等。在通知报到录用时，最重要的是及时原则，如果通知不及时可能失去优秀人才，并影响了企业的形象。

2. 辞谢通知

除了通知录用者，企业还应该在第一时间以礼貌的方式通知未录用者，让他们了解到最终的结果，避免盲目等待。其实，对未被录用的应聘者进行答复是有必要的，因为它有助于提升企业的形象，还可能对以后的招聘产生有利的影响。企业在答复未被录用的应聘者时最好采用书信或邮件等书面形式，在措辞上，要尽量坦率、礼貌、简洁，同时应该具有鼓励性。

（三）员工入职

在这一阶段员工需要完成烦琐的入职手续。第一，新员工要到人力资源管理部门报到，填写新员工档案登记表，签订劳动合同，办理各项福利转移手续；第二，新员工所在部门的管理者还需要帮助新员工熟悉与工作相关的各类事情；第三，企业还应该开展新员工培训，使其了解企业的基本情况和企业文化，还应该培训与工作岗位相关的知识与技能，满足工作岗位的需要；第四，新员工要到相关部门办理各类手续，比如，领取办公用品和设备、工作服、门卡、饭卡等。

（四）试用与正式录用

新入职的员工在签订劳动合同后，企业如果要求有试用期的，根据劳动合同法的规定实行试用期。试用合格后，试用期满需要根据劳动合同法办理转正手续。办理转正手续后，员工就成为企业的正式员工，开始承担正式员工的责任与义务，同时也开始享受正式员工的各种权利。

五、招聘效果评估

招聘效果评估是招聘过程中必不可少的一个环节。对这一点很多企业不重视，招聘效果评估通过成本与效率的核算，可以帮助企业发现招聘过程中存在的问题，对招聘计划、发布招聘信息、甄选方法、招聘的来源等进行优化，提高以后招聘的效果。对招聘效果进行评估，一般要从招聘的时间、招聘的成本、应聘比率、录用比率几个方面进行。

（一）招聘的时间

在招聘计划中一般都会对招聘时间进行估计，在招聘活动结束后，要将招聘过程中各阶段所用的时间与计划的时间进行对比，对计划的准确性进行评估，为以后更加准确地制定招聘时间提供依据。

（二）招聘的成本

招聘成本评估是指对招聘过程中的费用进行调查、核实，并对照预算进行评价的过程。招聘成本是鉴定招聘效率的一个重要指标，具体可以划分为两个方面：

1. 前期招聘成本

包括员工招募成本和员工甄选成本，招募成本包括发布信息、办公、劳务、食宿等费用，甄选成本包括对员工进行甄选过程中产生的各种费用。

2. 后期招聘成本

包括录用成本、安置成本、离职成本。录用成本是指录取的手续费、调动补偿费、搬迁费和旅途补助费等由录用引起的相关费用；安置成本是指安排新员工到新岗位所产生的各种行政管理费用、为新员工提供工作场所需要的装备费用；离职成本是指因招聘不慎，员工入职不久就离职而给企业带来的损失。

对招聘成本进行评估之后，与招聘预算进行对比，以利于下次更精准地制定预算。

（三）应聘比率

这是对招聘效果数量方面的评估，说明员工招聘的挑选余地和信息发布的状况。该比率越大，说明组织的招聘信息发布得越广泛、越有效，组织的挑选余地也就越大，招聘信息发布效果也越好。应聘比率可以通过下面的公式计算：

应聘人数 =（录用人数／应聘总人数）×100%

（四）录用比率

这是对招聘效果质量方面的评估，该比率越小，表明对企业来说可供选择的人越多，实际录用者的素质可能越高；反之，说明企业可供筛选的人越少，则实际录用者的素质较低可能性越大。录用比率可以通过下面的公式计算：

录用比率 =（录用人数／应聘总人数）×100%

第三节　招聘的渠道与方法

一、员工招聘的渠道

如果组织出现空缺职位，如何招聘到合适人员对组织来说非常重要。人员招聘渠道分为两种：内部招聘和外部招聘。内部招聘是指当企业出现了职位空缺时，优先考虑企业内部员工并将其调整到该岗位的方法。外部招聘是根据一定的标准和程序，从企业外部的众多候选人中选拔符合空缺职位工作要求的人员。无论是外部招聘还是内部招聘都取决于组织的内部晋升和内部调动战略。内部招聘和外部招聘对组织来说各有利弊，每一种招聘方法并非完美，要求组织权衡利弊进行选择。

（一）内部招聘

内部招聘就是从组织内部选拔合适的人才来补充空缺或新增的职位。内部招聘具有很明显的优点：第一，从选拔的有效性和可信度来看，管理者和员工之间的信息是对称的，不存在"逆向选择"（员工为了入选而夸大长处，弱化缺点）问题，也不存在道德风险的问题。因为内部员工的历史资料有案可查，管理者对其工作态度、素质能力以及发展潜能等方面有比较准确的认识和把握。第二，从企业文化角度来分析，员工与企业在同一个目标基础上形成的共有价值观、信任感和创造力，体现了企业员工和企业的集体责任及整体关系。员工在组织中工作过较长一段时间，已融入企业文化中，视企业为他们的事业和命运的共同体，认同组织的价值观念和行为规范，因而对组织的忠诚度较高。第三，从组织的运行效率来看，现有的员工更容易接受指挥和领导，易于沟通和协调，易于消除边际摩擦，易于贯彻执行方针决策，易于发挥组织效能。第四，从激励方面来分析，内部选拔能够给员工提供一系列晋升机会，使员工的成长与组织的成长同步，容易鼓舞员工士气，形成积极进取、追求成功的气氛，达成美好的愿景。

（二）外部招聘

外部招聘则是从组织外部招聘德才兼备的人加盟。外部招聘具有如下优点：第一，外部招聘是一种有效的与外部信息交流的方式，企业同时可借机树立良好的外部形象。新员工能够带给企业不同的经验、理念、方法以及新的资源，使企业在管理和技术方面得到完善和改进。第二，外聘人才可以在无形中给组织原有员工施加压力，使其形成危机意识，激发斗志和潜能，从而产生"鲶鱼效应"。第三，外部挑选的余地很大，能招聘到许多优秀人才，尤其是一些稀缺的复合型人才，这样还可以节省大量内部培养和培训的费用，并促进社会化的合理人才流动，加速全国性的人才市场和职业经理人市场的形成。第四，外部招聘也是一种很有效的信息交流方式，企业可以借此树立良好形象。

外部招聘也不可避免地存在着不足。比如，信息不对称，往往造成筛选难度大，成本高，甚至出现"逆向选择"；外部招聘的员工需要花费较长时间进行培训和磨合，学习成本较高；可能挫伤有上进心、有事业心的内部员工的积极性和自信心，或者引发内外部人才之间的冲突；"外部人员"有可能出现"水土不服"的现象，无法融入企业文化氛围中；可能使企业沦为外聘员工的"中转站"等。

（三）企业在选择招聘渠道时应遵循的原则

1. 在高级管理人才的选拔过程中应当遵循内部优先的原则

高级管理人才能很好地为企业服务，一方面是依靠自身的专业技能、素质和经验，能够为企业服务；另一方面更重要的是对企业文化和价值观念的认同，愿意为企业贡献自己全部的能力和知识，而后者是无法在短期内完成和实现的。

2. 外部环境剧烈变化时企业必须采取内外结合的原则

当外部环境发生剧烈变化时，行业的经济技术基础、竞争态势和整体游戏规则会发生根本性的变化，知识老化周期缩短，原有的特长、经验成为学习新事物新知识的一种包袱，企业会受到直接的影响。这种情况下，从企业外部、行业外部吸纳人才和寻求新的资源，成为企业生存的必要条件之一。不仅因为企业内部缺乏所需的专业人才，同时时间也不允许坐等企业内部人才的培养成熟，因此必须采取内部招聘与外部招聘相结合的方式进行人才选拔。

3. 企业快速成长时应当广开外部招聘渠道的原则

对处于成长期的企业，由于发展速度较快，仅仅依靠内部选拔与培养无法跟上企业的发展。同时由于企业人员规模的限制，选择余地相对较小，无法得到最佳的人选。这种情况下，企业应当采取更为灵活的措施，广开渠道，吸引和接纳需要的各类人才。

4. 企业文化类型的变化决定选拔方式的原则

如果组织要维持现有的强势企业文化，不妨从内部选拔，因为内部的员工在思想、核心价值观念、行为方式等方面对企业有更多的认同，而外部的人员要接受这些需要较长的时间，而且可能存在风险；如果企业想改善或重塑现有的企业文化，可以尝试从外部招聘，新的人员带来的新思想、新观念可以对企业原有的东西造成冲击，促进企业文化的变化和改进完善。

二、员工招聘的方法

内部招聘主要通过企业内部人力资源信息系统搜寻、主管或员工推荐、职位公告等方法来进行；外部招聘主要通过广告招聘、推荐或自我推荐、人才介绍机构、人才交流会、校园招聘、网络招聘等方法来进行。

（一）内部招聘的方法

1. 企业内部人力资源管理信息系统

一个完整的企业内部人力资源管理信息系统必须对企业内部员工的三类信息进行完整的收集与整理：个人基本资料，包括年龄、性别、学历、专业、主要经历等；个人特征资料，包括特长、性格、兴趣爱好、职业期望等；个人绩效资料，包括从事的工作与担任的职务、工作业绩、工作态度、绩效评价等。当企业出现职位空缺时，可根据职位对人员任职资格的要求，在企业内部的人力资源信息系统进行搜寻。根据搜寻所获得的信息，找出若干个职位候选人，再通过人力资源部与这个应聘者进行面谈，结合应聘者本人的意愿和期望选择适岗的人选。

2. 主管或员工推荐

是由本组织主管或员工根据组织的需要推荐其熟悉的合适人员，供人力资源部门进行选择和考核。推荐人对组织和被推荐者都比较了解，所以成功的概率较大，是企业经常采用的一种方法。一般来说，组织内部最常见的是主管推荐，因为主管一般比较了解潜在的候选人的能力，由主管提名的人选具有一定的可靠性，而且主管也会因此感到自己有一定的决策权，满意度比较高。但主管推荐可能会因为个人因素的影响，出现任人唯亲而不是任人唯贤的局面。

3. 职位公告

职位公告是指在组织内将职位空缺公之于众，通常要列出有关空缺职位的工作性质、人员要求、上下级监督方式，以及工作时间、薪资等级等。同时应附以公告日期和申请截止的日期、申请的程序、联系电话、联系地点和时间等。将公告放在组织内所有员工都可以看见的地方，比如企业的公告栏、内部报刊、公司网站等。

（二）外部招聘的方法

1. 广告招聘

广告招聘一般是由人力资源部门按照组织的员工招聘规划，选择合适的广告媒体或宣传媒介，通过发布由自己或专业部门制作的招聘广告吸引外部人才前来应聘的方法。企业通过媒体广告发布招聘信息时，应注意两个问题，一是广告媒体的选择；二是广告的设计。

（1）广告媒体的选择

通常，可采用的广告媒体主要有报纸杂志、广播电视、互联网、印刷品等。组织在选择广告媒体的时候，应考虑媒体本身的信息承载能力、传播范围及各自的优缺点。

（2）广告的设计

好的招聘广告能吸引更多的求职者关注，而且设计精良的招聘广告有利于树立和提升组织的良好形象，因此广告的设计就显得尤为重要。招聘广告的设计要注意以下几个问题。

①广告的形式和内容

要能引起人们的注意，激发求职者的兴趣，一般来说，招聘广告应遵循"A ID A"的原则：

A——Attention，指的是广告能引起求职者的注意；

I——Interest，指的是广告要能激起人们对空缺职位的兴趣；

D——Desire，指的是广告要唤起人们应聘的愿望；

A——Action，指的是广告要能够促使人们采取行动。

②广告传递的信息要客观准确

企业所发布的招聘信息，包括组织情况介绍、薪酬福利、晋升机会等信息要客观真实，同时不要以不能兑现的承诺来误导大家。

③招聘广告的设计还要避免出现不当性内容

比如应避免在招聘条件中对性别、身高、年龄、健康状况、地域等进行限制，以免给企业带来不必要的法律纠纷。

2. 推荐或自我推荐

通过企业的员工、客户以及合伙人等推荐人选，这种招聘方式最大的优点是企业和应聘者双方掌握的信息较为对称。介绍人会将应聘者真实的情况向企业介绍，免去了企业对应聘者进行真实性的考察，同时应聘者也可以通过介绍人了解企业各方面的内部情况，从而做出理性选择。目前已经有许多企业采用这种招聘方式，如高露洁公司就鼓励员工推荐并设置了一些激励手段，如果应聘者被录取，介绍人将会得到一定的奖金。

自我推荐指组织收到那些对公司工作感兴趣的人主动提出的申请或者简历。这种方式通常在薪酬政策、组织氛围、工作条件、发展前景等方面都有较好声誉的组织中盛行。许多组织会将这些主动提供的信息存入人力资源信息系统中，并在出现职位空缺时通过该系统获取自荐人的信息。

3. 人才介绍机构

这种机构一方面为企业寻找人才，另一方面也帮助人才找到合适的雇主。一般包括针对中低端人才的职业介绍机构以及针对高端人才的猎头公司。企业通过这种方式招聘是最为便捷的，因为企业只需把招聘需求提交给人才介绍机构，人才介绍机构就会根据自身掌握的资源和信息寻找和考核人才，并将合适的人员推荐给企业。但是这种方式所需的费用也相对较高，猎头公司一般会收取人才年薪的30%左右作为猎头费用。

4. 人才交流会

相对于职业中介机构来说，人才交流会可以为企业与求职者提供相互交流的平台，使企业能够获取大量应聘者的相关信息。在条件允许的情况下，甚至可以对其进行现场面试，极大地提高招聘的成功率。而且这种招聘在信息公开、竞争公平的条件下进行，便于树立企业的良好形象。

5. 校园招聘

校园招聘是许多企业采用的一种招聘渠道，企业到学校张贴海报，进行宣讲会，吸引即将毕业的学生前来应聘，对于部分优秀的学生，可以由学校推荐，对于一些较为特殊的职位也可通过学校委托培养后，企业直接录用。通过校园招聘的学生可塑性较强，充满活力，素质较高。但是这些学生没有实际工作经验，需要进行一定的培训才能真正开始工作，且不少学生由于刚步入社会对自己定位还不清楚，工作的流动性也可能较大。

6. 网络招聘

网络招聘一般包括企业在网上发布招聘信息甚至进行简历筛选、笔试、面试。企业通常可以通过两种方式进行网络招聘，一是在企业自身网站上发布招聘信息，搭建招聘系统，二是与专业招聘网站合作，如中华英才网、前程无忧、智联招聘等，通过这些网站发布招聘信息，利用专业网站已有的系统进行招聘活动。网络招聘没有地域限制，受众人数大，覆盖面广，而且时效较长，可以在较短时间内获取大量应聘者信息，但是随之而来的是其中充斥着许多无用信息，因此网络招聘对简历筛选的要求比较高。

以上讲述的几种外部招聘的方法各有优缺点，企业可以根据实际情况选择运用。

第四节　员工甄选

甄选即甄别和选择之意，也称为筛选和选拔。在现代人力资源管理中，它是指通过运用一定的工具和手段对已经招募到的求职者进行鉴别和考察，区分他们的人格特点与知识技能水平，预测他们未来的工作绩效，从而最终挑选出最符合组织需要的、最为恰当的职位填补者的过程。甄选过程的复杂性在于，组织需要在较短的时间内，在信息不对称的情况下，正确地判断出求职者能否胜任所应聘的岗位，以及求职者能否认同本组织的企业文化与价值观，从而在未来的岗位上达成优良的绩效。在甄选过程中，组织需要解决如何挑选合适的人，然后将他们正确地配置在合适的岗位上，总的来说，所有的甄选方案都是要努力找出那些最有可能达到组织绩效的人，但不是说一定要挑选出那些非常优秀的人才是最合适的，相反，甄选的目的在于谋求职位与求职者最优匹配。

员工甄选工作对一个组织来说是非常重要的。首先，组织的总体绩效在很大程度上是以员工个人的绩效为基础的，能否找到合适的员工是确保组织战略目标实现的最大保障；其次，如果甄选工作失误，组织将付出较高的直接成本和机会成本，直接成本包括招募成本、甄选成本、录用成本、安置成本、离职成本，机会成本是指因为用人不当，可能会使组织错失良好时机而给组织带来损害甚至是毁灭性的打击；最后，甄选失误可能会对员工本人造成伤害，错误甄选代价不只由组织来承担，同样会给员工造成损失和伤害。

一、 审查求职简历和求职申请表

（一）求职简历

求职简历又称履历表，是求职者向组织提供背景资料和进行自我陈述的一种文件。简历的内容一般包含个人基础信息、教育背景、工作经历、个人技能、求职意向、自我评价等。简历是求职者一种自我宣传的手段，通常没有严格统一的规格，形式灵活，随意性大，便于求职者充分进行自我表达。在筛选简历时应该注意简历信息的真实性问题，比如，一份简历在描述求职者的工作经历时，列举了一些知名企业和高级职位，而他所应聘的却是一个普通职位，这就要引起注意，这份简历可能存在工作经历造假。简历中造假的现象有很多，比如学历造假、工作经历造假、荣誉造假等。对有疑惑的简历要避免个人主观臆断，要将这些存在疑惑的地方标出，面试时可询问应聘者或在录用前进行背景调查。

（二）求职申请表

求职申请表是由企业人力资源部门设计的由求职者填写的一种规范化的表格。求职申请表主要用于收集应聘者背景和现状的基本信息，以评价应聘者是否能满足最基本的职位要求。有些需要经常性、大量招聘的企业往往会要求求职者填写本企业编制的电子求职申请表，以此来收集企业感兴趣的信息，并运用电子化申请表筛选系统，将不符合条件的电子申请表直接淘汰出局，这些都为初步的筛选工作提供了很大的便利。

求职简历和求职申请表的筛选主要是对求职者进行初步过滤，把明显不合格的求职者剔除，以免让这部分求职者进行后续的甄选程序，给组织带来不必要的成本负担。

二、 笔试

笔试是一种最古老而又最基本的选择方法，它是让应聘者在试卷上答事先拟好的试题，然后根据应聘者解答的正确程度评定成绩的一种选择方法。笔试可以有效地测试应聘者的基础知识、专业知识、管理知识、综合分析能力、文字表达能力等。

笔试的优点主要体现在以下几个方面：①笔试可以对大批应聘者同时进行，成本低，省时省力；②笔试可以涵盖较多的考试内容，能对应聘者的知识进行全面测试；③面对同样的测试题，体现了招聘的公平性；④应聘者在面对一张试题时心理压力相对较小，能够发挥真实水平；⑤笔试试题和考试结果可以长期保存，为综合评定提供依据，也可以为以后的招聘工作提供参考。

笔试方法同时也存在一定的局限性。首先，笔试要求应聘者以书面形式作答，所以无法考察应聘者的口头表达能力、灵活应变能力、操作能力、组织管理能力等；其次，可能会因为某些应聘者能力较低但善于考试而出现高分低能的情况；最后，考试过程中可能出现舞弊的情况，使考试成绩不能反映应聘者的真实水平。

三、面试

面试是现代企业实践中运用最广泛的一种员工甄选方法，几乎所有的企业在员工甄选过程中都要使用面试，而且有时还不止一次地在甄选的相关程序中使用。面试是指面试官通过与应聘者在指定的时间和地点，面对面地观察和交谈，了解应聘者的知识技能、个性特点、求职动机等，其目的是通过分析应聘者的回答及观察他们所作出的各种反应，考察应聘者是否具备相关职位的任职资格的一种人员测评技术。

面试具有简便快捷、容易操作、不需要复杂的专用测试工具和方法等优点，能对应聘者的表达能力、分析能力、判断能力、应变能力进行全面的考察，另外，也可以直观地了解应聘者的气质、修养、风度、仪表仪态等，所以面试这种甄选方法很自然地受到各种组织的普遍欢迎。但是，面试也有局限性，一方面，面试的结果是由面试小组或面试官个人通过主观判断得出的，因此判断的结果可能存在偏差；另一方面，面试的成本较高，包括时间成本和人工成本等。因此，任何组织都要重视采取相关措施来提高面试的有效性，同时也要将面试和其他甄选方法结合使用，将各种甄选方法的缺陷降至最低。

（一）面试的种类

1. 根据面试结构划分

（1）结构化面试

结构化面试又称标准化面试，是指按照事先设计好的面试内容、程序、评分结构等进行的面试。在这种面试中，面试考官手中会有一份对所有应聘者提出的标准化问题提纲，这些问题包括有关应试者的工作经历、教育背景、专业知识、业余爱好、自我评价等方面。这种面试的优点是面试官根据事先设计好的问题提问，避免遗漏一些重要的问题，而且所有的应聘者回答的都是同样的问题，应聘者之间可以对照比较，比较公平，也容易得出结论。但缺点是缺乏灵活性，面试官不能深入地了解应聘者。

（2）非结构化面试

非结构化面试是指在面试的过程中，不存在结构化的面试或必须遵循的格式，面试官可就与工作有关的问题向应聘者随意提问，没有事先设计的问题提纲，而且可以根据应聘者的回答进行追问。非结构化面试的优点是比较灵活，面试官与应聘者之间的谈话会显得比较流畅和自然，针对不同的应聘者可以提出不同的问题，收集的信息更有针对性，而且可以对应聘者进行深入了解。但是这种面试方法也有不利之处，首先，没有事先设计问题提纲，很容易遗漏一些重要的问题；其次，由于面试官是自由提问，面试的问题很容易受到面试官个人兴趣或工作背景的影响；最后，由于对不同的应聘者提出的问题不同，可能对不同的应聘者提出的问题难易程度不同，而导致不公平的现象存在。

（3）半结构化面试

半结构化面试是介于结构化面试与非结构化面试之间的一种面试方法。面试官根据事先设计好的问题提纲进行提问，然后可以根据应聘者的回答进行追问，以达到对应聘者进一步了解的目的。半结构化面试结合了结构化面试和非结构化面试的优点，使面试官在面试过程中有一定的自主权而又不偏离主题，可以做到面试的结构性与灵活性相结合。因而半结构化面试在许多企业广泛使用。

2. 根据面试组织形式划分

（1）单独面试

单独面试又称一对一面试，是由一个面试官对一个应聘者进行单独面试，面试官进行口头引导或询问，应聘者作出回答。这种方式比较省时，但单独依靠一个面试官得出的面试结论、作出的甄选决策，可能难以确保决策的准确性。

（2）小组面试

小组面试又称陪审团式面试，是指由多个面试官对一个应聘者进行面试，若干个面试官可以从不同的角度对应聘者发问，可以使各位面试官在提出问题时相互补充并层层递进地深入挖掘，最后收集到的信息比较全面，得到的结果也更加可靠。但是这个小组面试的形式使应聘者感觉压力比较大，因而可能影响其正常发挥。

（3）集体面试

集体面试是指多位面试官同时对多个应聘者进行面试的方法。这种面试方法可以节省面试官的时间，同时可以对多个应聘者回答同一个问题的不同反应作出比较评价。在这种面试中，面试官往往会提出一个问题后，由大家自由发表意见，而面试官们在旁边注意观察每一个应聘者的回答和作出的反应，这样有助于考察应聘者在群体当中的思维方式和行为方式，评价他们的人际交往能力和语言表达能力等。

（二）面试的基本程序

1. 面试准备

（1）选择面试官

选择面试官非常重要，作为面试官必须有较好的表达能力、观察能力、控制能力、总结归纳能力等，有经验的面试官能够很好地掌握面试进程，能够通过对应聘者的观察作出正确的甄选决策。面试官一般由人力资源部门和业务部门的人员组成。

（2）培训面试官

面试官是否具备基本的面试技巧，能否在作出评价时避免犯一些错误，对面试的有效性有至关重要的影响。对面试官的培训要关注几个方面：一是面试官在面试过程中的询问、交谈、引导、控制的各种技巧；二是面试官要学会与不同的面试者打交道；三是面试官在进行评价时应避免出现各种偏差，如晕轮效应、刻板效应、面试次序差异。

（3）明确面试时间

这不仅可以让应聘者充分做好准备，更重要的是可以让应聘者提前对自己的工作进行安排，避免与面试时间发生冲突，以保证面试的顺利进行。

（4）了解应聘者的情况

面试官应提前了解应聘者的相关资料，对应聘者的情况有基本的了解，做到心中有数，方便有面试的时候有针对性地进行提问，以提高面试的效率。

（5）准备面试材料

准备的面试材料包含工作说明书、面试问题提纲、面试评价表、应聘者的求职简历或求职申请表格等。面试评价表记录应聘者在面试过程中的表现和面试官对应聘者的评价。注意：对不同的岗位，面试评价表中的各项要素和权重要有所不同。

（6）安排面试场所

面试场所的选择影响着面试的效果，面试场所应该大小适中、明亮整洁、安静幽雅，为应聘者提供一个好的环境，同时也为企业树立良好形象。

2. 面试实施

（1）引入阶段

应聘者刚开始面试时，难免会比较紧张，此时作为考官应该问一些比较轻松的话题，消除应聘者的紧张情绪，营造轻松融洽的气氛。

（2）正题阶段

在这一阶段，考官应根据面试提纲和进程安排对应聘者提问，并同时观察和记录应聘者的反应。考官的提问要注意以下几个方面：①提问应当明确，不能含糊不清或存在歧义，并且提问不宜太长；②提问时尽量避免应聘者用"是"或"否"回答问题；③不管应聘者回答的问题正确与否，不要做任何评价，要学会倾听并给予目光鼓励，尽量不要出现异常的肢体语言，以免影响应聘者发挥；④注意控制时间，不要被应聘者支配整个面试，遇到滔滔不绝的应聘者，应懂得转移话题进行引导。

（3）收尾阶段

相关问题提问完之后，考官可以鼓励应聘者提出一些与应聘岗位有关的问题并为其解答。同时，应提醒应聘者关注面试结果的通知，并对应聘者参加此次面试表示感谢。

3. 面试结束

面试结束后，尽快整理面试评价表、面试记录等文件，以便于全部面试结束后进行综合评定，做出录用决策。

四、评价中心

评价中心是将应聘者放在一个模拟的真实环境中，让应聘者解决某方面的一个"现实"问题或达成一个"现实"目标。考官通过观察应聘者的行为过程和行为效果来鉴别应聘者的工作能力、人际交往能力、语言表达能力等综合素质。

（一）公文筐测试

公文筐测试又称公文处理测试，是在假定的环境下实施，让应聘者以管理者的身份去处理该职位在真实的环境中需要处理的各类公文。这是评价中心运用得最多的，也是最重要的测量方法之一。在模拟活动中，文件筐中装有各种文件和手稿：电话记录、留言条、办公室的备忘录、公司正式文件、客户的投诉信、上级的指示、人事方面的信息（如求职申请或晋升推荐信）等，这样的资料一般有10~25条，有来自上级的也有来自下级的，有组织内部的也有组织外部的，有日常的琐事，也有重大的紧急事件。

（二）无领导小组讨论

无领导小组讨论，该方法是将几个应聘者（一般6个左右）组成一个临时的小组，让他们讨论一些精心设计的管理活动中比较复杂的问题，目的在于考察被测试者的表现，尤其是考察谁会成为自发的领导者。无领导小组除了考察应聘者的领导能力外，还能考察应聘者个人的主动性、宣传鼓动与说服力、口头表达能力、组织能力、人际协调能力、精力、自信、创造性、心理压力与承受性等。无领导小组讨论的题目从形式上而言，可以分为开放式问题、两难问题、多项选择问题、操作性问题和资源争夺性问题。

（三）角色扮演

角色扮演是由招聘人员设计一个模拟情境，在这个情境中会出现很多矛盾和冲突，应聘者要以某种角色进入该情境，去处理解决这些矛盾和冲突。该情境中的其他角色通常由招聘人员或其专门安排的人员扮演，这些人随时会为应聘者制造一些棘手的问题，并要求其在一定时间内解决。比如以招聘推销员为例，面试官会要求应聘者推销某一种产品，应聘者扮演推销员，而面试官扮演消费者，在推销的过程中，面试官会故意设计一些较难的问题，目的是要通过对应聘者在这样的情境下表现出来的行为进行观察和记录，评价其是否具备与拟招聘职位相符合的素质。该方法旨在考察应聘者的随机应变能力、解决问题能力、情绪控制能力，以及处理问题的方法和技巧等。

（四）模拟演讲

模拟演讲通常是由招聘人员出一个题目或提供一些材料，应聘人员在拿到题目或材料后稍做准备，继而按照要求进行发言。题目的设置可以是做一次动员报告，可以是在集体活动上发表祝词，也可以是针对具体职位发表就职演说等形式。有时演讲结束后，招聘人员还可以针对演讲内容对应聘者进行提问和质疑。该方法主要考察应聘者的思维能力、语言组织能力、理解能力、反应速度、言谈举止、风度气质等方面的素质。

评价中心技术能够全方位地考查应聘者的各方面能力，包括语言表达能力、思维逻辑能力、反应能力、心理承受能力、领导能力、组织能力、人际协调能力、创造性等20多个项目，可以体现一个人的综合水平。由于应聘者在测试过程中面对的是以后工作经常会遇到的实际问题，解决这类问题的能力一般不易伪装，所以这种预测的准确率也较高，可以防止或减少对所需人员任用的错误。

相对于其他方法来说，评价中心的成本比较高，需要花费较多的时间和人力资源成本等。另外，评价中心对面试官要求较高，需要其有较强的观察能力和分析判断能力等，最后，面试官在评价应聘者的表现时主观性较大。

五、心理测试

应聘者的素质结构中，心理素质是一项非常重要的内容，是个体发展和事业成功的关键因素。现在，在企业的人员招聘与选拔中，心理测试越来越被企业广泛使用。

心理测试是指用科学设计的量表来测量观察不到的人格结构，将人的某些心理特征数量化，来衡量个体心理因素水平和个体心理差异的一种科学测量方法。通过心理测试，可以了解个体的情绪、行为模式和人格特点。常见的心理测试包括智力测试、性格测试、职业兴趣测试、职业能力测试、心理健康测试等。以下主要介绍智力测试、性格测试和职业兴趣测试。

（一）智力测试

智力测试是对智力的科学测试，是指人类学习和适应环境的能力。智力包括观察能力、记忆能力、想象能力、思维能力等。智力的高低直接影响到一个人在社会上是否成功。智力的高低以智商 IQ 来表示，不同的智力理论或者智力量表用不同的分数来评估智商，比如，在韦氏量表中，正常人的智力是 IQ 在 90~109 之间；110~119 是中上水平；120~139 是优秀水平；140 以上是非常优秀水平；而 80~89 是中下水平；70~79 是临界状态水平；69 以下是智力缺陷。一般来说，智商比较高的人，学习能力比较强，但这两者之间不一定完全正相关。因为智商还包括社会适应能力，有些人学习能力强，但其社会适应能力并不强。用来测试智力水平的工具有很多，包括比纳·西蒙智力量表、瑞文智力测试、韦克斯勒智力量表等。

（二）性格测试

性格指个人对现实的稳定态度和习惯的行为方式，对应聘者性格进行测试有助于判断他们是否能够胜任所应聘的职位。目前，对性格测试的方法很多，主要可以归结为两大类：一是自陈式测试，就是向被试者提出一组有关个人行为、态度方面的问题，被试者根据自己的实际情况回答，测试者将被试者的回答和标准进行比较，从而判断他们的性格；二是投射式测试，该测验将图片作为工具，测试人将一张意义含糊的图或照片出示给应聘者看，并不给其考虑的时间，要求被测试人很快说出对该图片的认识和解释。由于应聘者猝不及防，又无思考时间，就会把自己的心理倾向"投射"到对图片的解释上，结果较为可信。

（三）职业兴趣测试

职业兴趣测试是指人们对具有不同特点的各种职业的偏好以及从事这一职业的意愿。职业兴趣会影响人们对工作的投入程度，如果应聘者的职业兴趣与应聘的职位不符，就会影响他的工作热情；相反，如果应聘者的职业兴趣与应聘职位相符，他就会积极主动地工作。在职业选择以及人员甄选中具有重要影响的霍兰德职业兴趣测试或职业性向测试，是霍兰德在个人大量的咨询实践的基础上编制的。霍兰德在一系列关于人格与职业关系的假设基础上，提出了六种基本的职业兴趣类型，即现实型、研究型、艺术型、社会型、企业型和常规型。

第五章 基于期望理论的绩效管理

第一节 绩效基础理论

成功实施绩效管理，不但能帮助企业提高管理效率，帮助管理者提升管理水平，而且能够通过有效的目标分解和逐步逐层绩效任务落实，实现组织的战略目标，提升每位员工的绩效。这里从期望理论的视角入手，探索了期望与企业绩效之间存在的内在相关性。有效的绩效管理，是形成合理的激励机制的基础，可以帮助企业有效地实现沟通和实施战略，帮助企业给予部门与员工以清晰的行为导向，促使企业的工作流程对企业经营战略形成有效支持。

一、什么是绩效

从管理学的角度看，绩效是组织期望的结果，是组织为实现其目标而展现在不同层面上的有效输出，它包括个人绩效和组织绩效两个方面。组织绩效建立在个人绩效实现的基础上，但个人绩效的实现并不一定保证组织是有绩效的。如果组织的绩效按一定的逻辑关系被纷纷分解到每一个工作岗位以及每一个人的时候，只要每一个人都达成了组织的要求，组织的绩效就实现了。但是组织战略的失误也可能造成由于个人绩效实现而导致组织绩效失败。

从经济学的角度看，绩效与薪酬是员工和组织之间的对等承诺关系，绩效是员工对组织的承诺，而薪酬是组织对员工所作出的承诺。一个人进入组织，必须对组织所要求的绩效作出承诺，这是进入组织的前提条件。当员工完成了他对组织的承诺时，组织就实现其对员工的承诺。这种对等承诺关系的本质，体现了等价交换的原则，而这一原则正是市场经济运行的基本规则。

从社会学的角度看，绩效意味着每一个社会成员按照社会分工所确定的角色承担他的那一份职责。他的生存权利是由其他人的绩效保证的，而他的绩效又保障其他人的生存权利。因此，出色地完成他的绩效是他作为社会一员的义务，他受惠于社会就必须回馈社会。

随着知识经济的到来，评价并管理知识型员工的绩效也显得越来越重要。由于知识性工作和知识型员工给组织绩效管理带来的新挑战，越来越多的企业将以素质为基础的员工潜能列入绩效考核的范围，对绩效的研究也不再仅仅关注于对历史的回应，而是更加关注于员工的潜在能力，更加重视素质与高绩效之间的关系。

在实际应用中，对绩效的理解可能是以上三种认识中的一种，也可能是对各种绩效概念的综合平衡。总之，概括而言，对绩效概念的理解，可分以下几种：

（一）绩效就是"完成了工作任务"

这个界定在过去相对比较简单明了，更多地适合于体力劳动者。对一线生产工人或体力劳动者来说，他们的绩效就是"完成所分配的生产任务"，这个论断直到今天仍然是适用的。因为对大多数体力劳动者来讲，最主要的问题一直是"这个工作怎么做"或者说"把这件事做到最好的方法是什么"。泰勒的科学管理、戴明的TQM（全面质量管理）一直在解决或试图解决这一问题。实践证明，他们的方法是有效的。

但是在如今，对知识工作者而言，"任务是什么"变得异常模糊、难以界定。现在越来越多的管理者发现，把之前对体力劳动者进行管理的方式，用在产品研究人员身上，被证明是失败的！产品研究人员整天坐在计算机旁，甚至有的时候一点事情都不做，不少时间处于沉思状态，对他们的绩效怎么进行评价？

绩效界定的背景不同，绩效适用的范围也会发生变化。如果精通体力劳动者量化管理的一位主管，仍试图沿用原有的绩效认识去解释知识工作者的绩效产出，那结果就可能会很糟。同样不难想象，在一个界定错误的绩效概念基础上建立起来的绩效考核与管理体系，终不能对顾客满意和公司绩效起到任何促进作用。究其原因，主要在于知识工作与体力工作有很大的不同，往往在进行一项工作时，并没有像体力工作那样交代得非常清楚、细致，很多工作往往需要知识工作者去判断，去独立作出决策。

（二）绩效就是"结果或产出"

从考核的内容来讲，可分为绩效考核、能力考核和态度考核三种，相对于能力考核和态度考核来讲，绩效考核强调的是"结果／产出"。

实际上，将绩效以"产出／结果"为导向的解释在国外是特别明显的。从实践中得到的证据表明，许多词被用来表示作为"结果／产出"的绩效，如：

责任（应负责任）：指职位或部门应承担的为部门或公司目标服务的任务，它的重点是结果。它告知的是"什么"，而不是"如何"。职位应负责任是描述一个职位在组织中所扮演的角色，即这个职位对组织有什么样的贡献或产出。具体到企业不同类别的人员就是，高层要做正确的事；中层要把事做正确；基层要正确地做事。

目标：它直接反映了工作的先后顺序，是对在一定条件下、一定时间范围内所达到的结果的描述。目标有一定的时间性和阶段性，表明在规定的时间内对预期成就的具体衡量标准。可以将它同标准联系起来，并且可以用它来影响工作执行者完成特定的责任。

指标：衡量任职者工作执行状况的尺度，如测其长度、高度、体积、质量和时间等。

关键绩效指标：是衡量企业战略实施效果的关键指标。

任务：一项应该完成的工作。

关键成果领域：是活动的重要领域，这些领域的成就决定或表明成功。

（三）绩效就是"行为"

将绩效与任务完成情况、目标完成情况、结果等同的观点在许多心理学的文献中受到了质疑，因为企业运营的产出或结果可能是由个体所不可控制的因素决定的；另外，过分强调结果或产出，会使管理者无法及时获得个体活动信息，从而不能很好地进行指导与帮助，而且，可能会导致短期效益。正是如此，绩效作为"行为"的观点逐渐流行了起来。

绩效的范围为：一套与组织或个人体现工作组织单位的目标相关的行为。绩效可以定义为行为的同义词，它是人们实际做的，并且可以被奉行的东西。根据这个定义，绩效只包括与组织目标相关的，并且可以按照个体的能力（即贡献程度）进行衡量（测量）的行动或行为。

绩效不是行动的后果或结果，它本身就是行动……绩效是包括在个体控制之下的，与目标相关的动作，无论这些动作是认知的、驱动的、精神运动的，还是人际间的。将绩效作为"行为"的观点，概括起来主要基于以下事实：①许多工作后果并不一定是由员工的行为所产生的，也可能有与工作毫无关系的其他因素在起作用。②工作执行者执行任务的机会也不平等，也并不是工作执行者在工作时所做的每一件事都同任务有关。③过分重视结果会忽视重要的程序因素和人际关系因素。④"产出／结果"的产生可能包括许多个体无法控制的因素，尽管行为也要受外界因素的影响，但相比而言它更是在个体直接控制中的。⑤实际上，现实中没有哪一个组织完全以"产出"作为衡量绩效的唯一尺度。尽管将"绩效"界定为"行为"的观点日益为人们所重视和认可，但"行为"同"绩效"一样，同样面临如何界定的尴尬。

行为通常被认为是产生"结果／产出"的原因之一，而"产出／结果"又是评估员工行为有效性的一种方法，即根据员工所取得的结果，来判定他们行为的有效性。关于行为的界定，如同"绩效"一样，理论界也有不同的看法。

其中一种看法是：尽管绩效是行为，但不是所有的绩效都是行为，只有与"结果／产出"

相关的绩效才算是行为。换句话说，这种看法认为，不是所有的绩效都与结果和产出相关，那么不与结果和产出相关的绩效又是什么？因此，将绩效区分为任务绩效和周边绩效，任务绩效指正式定义的工作各个方面；周边绩效是指组织自发性或超职责行为。任务绩效和周边绩效的提出都具有非常重要的意义，尤其是周边绩效，它既尊重了现实情况，同时与组织变革中倡导的、以团队协作为核心的项目组运作方式，以及以顾客为主导的企业文化相适应。也就是说，周边绩效也充分考虑到了知识工作者的工作性质及特点。

（四）绩效就是"结果 + 过程（行为）"

一般意义上来讲，绩效一词的使用相当宽泛，既包括产出也包括行为。也就是说，不仅看你做了什么，也要看你是怎么做的。优秀的绩效，不仅取决于做事的结果，还取决于做这件事所拥有的行为或素质，即：

结果（做什么）+ 行为（如何做）= 优秀绩效

一般来讲，不同的组织或组织中不同的人员对"结果"和"过程"的侧重点不同：高速发展的企业或行业，一般更重视"结果"；发展相对平稳的企业或行业，则更重视"过程"。强调反应速度，注重灵活、创新工作文化的企业，一般更强调"结果"；强调流程、规范，注重规则工作文化的企业，一般更强调"过程"。

（五）绩效就是"做了什么（实际收益）+ 能做什么（预期收益）"

此种观点是将个人潜力、能力纳入绩效评价的范畴。它强调将绩效不再作为"追溯过去""评估历史"的工具，而更在于关注未来。这个界定更适合于知识工作者，更接近于绩效管理的真正意图——关注未来。它不仅要看员工当前做了什么，也要关注将来还能做什么，能给公司带来什么价值。这个界定比较适合创新性的项目组或项目成员，尽管有些项目或工作失败了，但既然已经给失败交了学费，将来这些人可能就不会再犯这类错误。何况只要是创新，就一定会有风险，会有失败，关键是如何避免重犯同样的错误。

二、绩效的层次

作为一个由不同的部门和人员组成的综合系统，一个企业内部有多个子系统，绩效管理关注的焦点在于怎样提高不同领域或不同部门的工作业绩，使各级组织部门能够协同工作，共同为企业的战略目标服务。按考察内容和管理方法的不同，将绩效分为三个层次：组织绩效、流程绩效和个人绩效。

（一）组织绩效

组织绩效是面向整个社会的任务和目标，关注的重点是通过对组织的机构设置、生产过程及工艺流程等方面的调整和优化来实现组织所确定的战略目标。它强调的是组织与时间的关系及其所涵盖的主要职能，在这个层面上影响绩效的变量主要有战略、组织整体的目标和组织结构、评价指标和资源配置等因素。

（二）流程绩效

流程是指生产产品或提供服务的一系列程序和步骤。流程重组和质量再造是这个层面中提高绩效最重要的两个因素。组织中有跨越不同部门的众多的业务流程，而流程绩效就是考察流程中哪个环节出现了问题，以及如何改进以满足组织的战略计划要求，同时管理不同小组或部门之间可能出现的空白地带，并有效地根据实际情况分配资源。

（三）个人绩效

个人绩效强调以员工为核心的绩效概念，一般包括员工绩效评估、激励、培训和发展等方面的内容。个人绩效的重点是如何调动员工积极性，使其努力工作以达到岗位的要求，但个人绩效管理要在组织目标的框架内进行。

总而言之，绩效的三个层面实际上是将企业的战略逐级分解到部门、流程和个人，只有每个级别和层次的工作结合起来，协调统一，企业才能有良好的绩效表现。

三、绩效的特征

在众多学者对绩效的有关描述中，可以归纳出绩效的以下几个特征：

（一）客观性

绩效是一定的主体作用于一定的客体过程中所表现出来的效应，即它是在工作过程中产生的，是组织和员工一系列行为综合作用的结果，描述的是目标的完成程度，因而是客观存在的。

（二）多维性

绩效是一个系统，由多维构建而成，测量的视角不同会导致所产生的结果也不尽相同。因此，要从多个角度去分析与研究绩效，通过运用综合指标评价，才能得出真实、有效的结论。

（三）多因性

绩效的多因性是指绩效水平的高低并不是由某一个因素所能单独决定的，而是受到主观和客观等多种因素的制约。它既受环境和工作特征等因素的影响，也与组织的制度和机制密切相关，同时受到员工的价值观和工作动机的影响。

（四）可度量性

绩效具有一定的可度量性，对于实际成果的度量需要经过必要的转换方才可以测量，在某些方面对绩效的定量评估有一定的难度，但这也正是评价过程必须解决的问题。

（五）动态性

绩效不是固定不变的，而是随着发展不断发生变化的，绩效水平有可能提高或降低，这就要求在测量绩效表现时充分关注绩效的动态性，不能用一成不变的思维来分析和研究有关绩效的问题。

第二节　期望理论对绩效管理的启示

一、期望理论

期望理论是心理学家弗鲁姆提出来的。在他看来，一个人被激发出来的力量与他所追求的目标以及达到这个目标的可能性有关。期望理论就是研究期望（需要）与目标之间关系的规律的理论。只有当人们预期到某一行为能给个人带来一定结果，并且这种结果对个人是非常重要的时候，才会被激励去做某些事情。

（一）期望理论简述

期望理论又称"效价－手段－期望理论"，是管理心理学与行为科学的一种理论，这个理论可以用公式表示为：

激励力量 = 期望值 × 效价

这一理论是由北美著名心理学家和行为科学家维克托·弗鲁姆于 20 世纪 60 年代在《工作与激励》中提出来的。

期望理论以三个因素反映需要与目标之间的关系，要激励员工，就必须让员工明确：工作能提供给他们真正需要的东西；他们欲求的东西是和绩效联系在一起的；只要努力工作就能提高他们的绩效。

（二）期望公式

弗鲁姆认为，人总是渴求满足一定的需要并设法达到一定的目标。这个目标在尚未实现时，表现为一种期望，这时目标反过来对个人的动机又是一种激发的力量，而这个激发力量的大小，取决于目标价值（效价）和期望概率（期望值）的乘积。期望理论认为，人们采取某项行动的动力或激励力取决于其对行动结果的价值评价和预期达成该结果可能性的估计。换言之，激励力的大小取决于该行动所能达成目标并能导致某种结果的全部预期价值乘以他认为达成该目标并得到某种结果的期望概率。

用公式表示就是：$M = \sum V \times E$

激励水平（M）表示激发力量，是指调动一个人的积极性，激发人内部潜力的强度。

期望值（E），是指员工对自己努力工作以实现良好业绩的信念强度。如果企业的业绩评价体系及评价标准让员工感觉到业绩指标是受自身能力与努力影响的可控业绩，并且评价标准科学合理，那么就会提高员工通过自己努力工作以实现良好业绩的期望值，员工努力工作的积极性就强；相反，如果企业的业绩评价体系让员工感觉到业绩受自身非可控因素影响严重，或是评价标准高不可攀，那么就会降低员工通过自己努力工作以实现良好业绩的期望值，员工努力工作的积极性就弱。

效价（V），是指某种回报对个人需要的满足及目标的实现程度，指能帮助个人实现目标的非个人因素，如环境、快捷方式、任务工具等。例如，特殊环境下，效价和期望值再高，也无法正常提高人的动机性；再如，外资企业良好的办公环境、设备、文化制度，都是吸引人才的重要因素。由于人的需要是复杂的，目标是多样的，激励的手段既有来自组织或他人的外在激励，又有来自工作本身的内在激励，因而激励的效价既可分为取决于工作结果的外在效价，即组织报酬对个人需要的满足和目标的实现程度，又可分为来自工作本身的内在效价，即个人在工作中体验到的成长、成就、责任及荣誉感。

关于同一目标，由于各个人所处的环境不同、需求不同，其需要的目标价值也就不同。同一个目标对每一个人可能有三种效价：正、零、负。如果个人喜欢其可得的结果，则为正效价；如果个人漠视其可得的结果，则为零值；如果不喜欢其可得的结果，则为负效价。效价越高，激励力量就越大。

效价受个人价值取向、主观态度、优势需要及个性特征的影响。可以根据行为的选择方向进行推测，假如个人可以自由地选择 X 结果和 Y 结果的任一个，在相等的条件下：如果选择 X，即表示 X 比 Y 具有正效价；如果选择 Y，则表示 Y 比 X 具有正效价。也可以根据观察到的需求完成行为来推测。例如，有人认为有价值的事物，另外的人可能认为全无价值，一个希望通过努力工作得到升迁机会的人，在他心中，"升迁"的效价就很高；如果他对升迁漠不关心，毫无要求，那么升迁对他来说效价就等于零；如果这个人对升迁不仅毫无要求，而且害怕升迁，那么升迁对他来说，效价就是负值。再如，吃喝的数量和质量可以表明需求完成的情况，如果吃得多、吃得快，说明食品具有正效价。

这个公式说明：假如一个人把某种目标的价值看得很大，估计能实现的概率也很高，那么这个目标激发动机的力量越强烈。

经发展后，期望理论模型可以表示为：

激励水平（M）＝期望值（E）×相关性（I）×效价（V）

相关性（I），也称工具性，是指员工感觉到的个人工作绩效与所得报酬之间的联系。由于组织回报受诸多因素的影响，因此，员工绩效与组织回报之间仅表现为一定的相关关系。如果企业的报酬机制让员工感觉到组织的回报总是以其取得的特定业绩为前提，那么他们感知度就高，员工努力工作的积极性就强；相反，如果企业的报酬机制让员工感到组织回报与个人的业绩之间关系是模糊的，或是员工认为组织回报是由领导者个人好恶、关系的亲疏决定的，与个人业绩优劣毫无关系，员工努力工作的积极性就弱。

（三）期望模式

企业要想激励员工，必须明确员工希望从组织中得到什么以及如何帮助他们实现自己的愿望。因此，在构建具有激励效应的绩效管理时，必须处理好个人努力—绩效—组织奖励三者之间的关系，以便可以充分激发员工的工作热情，提高效率，帮助企业快速发展。需要与目标之间关系的过程模式，如下式所示。

个人努力→工作绩效→组织激励→个人需求

可以得出期望理论的三种关系：

1. 个人努力与绩效的关系

个人努力与绩效之间的关系包括两个方面：一方面，员工个人的努力是否能达到预期的绩效目标；另一方面，对于其取得的业绩是否能得到公平、公正的评价。要想充分激发知识型员工的工作热情，必须同时提高效价与期望值。因此，绩效计划中目标的设置应确保在满足企业整体战略目标的同时，员工个人的需求也得到满足。此外，构建一套公平、公正的绩效考核体系也是强化个人努力与绩效之间的联系，提高员工期望值的重要保障。

2. 绩效与组织奖励的关系

绩效与组织奖励之间的关系主要指员工通过努力所取得的工作业绩与所得报酬之间的期望。许多员工认为在他们的工作中绩效和奖励的关系并不明确，原因在于，除了绩效，组织还奖励其他许多东西，如当员工的工资分配是基于资历、合作性、职位等因素时，员工可能会认为绩效和奖励的关系是弱的，进而会降低激励水平。因此，组织应该向员工作出针对绩效奖励的承诺，企业应该合理地运用绩效考核结果，加强绩效结果与晋升、奖金等组织奖励方面的联系，从而提高绩效与奖励之间的期望值。

3. 结果与效价的关系

任何结果对个体的激励强度取决于个体对结果的评价。在绩效管理中通过绩效计划与绩效反馈面谈和持续的绩效沟通，管理者要注重了解下属的期望和他们最看重的奖励。

（四）期望理论拓展模型

经过拓展的期望理论在已有研究的基础上，细化了每个变量的维度。期望拓展理论告诉人们，在工作中愿意付出努力程度的大小与对此项工作的绩效评估机制有关，并取决于实现目标对其满足程度和目标实现的可能性两种因素。实现目标对其满足程度又可以分为不同的方面，而这些方面相对重要程度是不一样的。

二、期望理论对绩效管理的启示

通过分析期望理论的三种关系与员工绩效管理、薪酬体系之间的联系，可以看出，企业在构建科学合理的绩效管理体系时，应加强以下几个方面的工作：

（1）采用目标管理法将企业长期发展战略目标进行层层分解，积极鼓励员工参与绩效计划与目标的制定，在以企业整体战略目标为指导的前提下，与员工通过充分的沟通与讨论，确定部门及个人绩效计划和关键目标，目标的设计要符合 SMART 原则。SMART 原则：S 代表具体（Specific），指绩效考核要切中特定的工作指标，不能笼统；M 代表可度量（Measurable），指绩效指标是数量化或者行为化的，验证这些绩效指标的数据或者信息是可以获得的；A 代表可实现（Attainable），指绩效指标在付出努力的情况下可以实现，避免设立过高或过低的目标；R 代表相关性（Relevant），指绩效指标是与工作的其他目标相关联的；绩效指标是与本职工作相关联的；T 代表有时限（Time-bound），注重完成绩效指标的特定期限。

（2）绩效指标体系要设计得科学合理，既要符合员工的特性，又能保证指标的公平、公正，以确保绩效指标体系作为考核业绩的重要手段而被知识型员工所接受。

（3）在绩效评估阶段，企业管理者应该使用既定的、合理的评价标准与考核流程，对员工的实际工作业绩进行评估，以提高评估结果的准确性，增强员工对结果的认同感，从而强化其对未来的激励价值。

（4）通过绩效面谈，帮助企业管理者明确员工真正的需求是什么，以便投其所好，实施个性化的绩效结果应用，将绩效结果与薪酬、福利、晋升、培训等方面相联系，从而满足员工的真正需要。

第三节 绩效管理体系与循环

一、绩效管理体系

绩效管理是企业运营层面上的管理系统，是实现企业愿景、使命、价值和战略的一整套流程，是实现企业经营方向和战略重点快速转变的有效工具。

绩效管理能够为实现企业战略提供有效的支持；能够将企业的资源集中在最重要的任务上；能够鼓励部门与员工有正确的行为表现，并促进部门与员工进行持久的改进；能够加强对部门和员工表现的可衡量性。绩效管理是将企业的战略、资源、业务和行动有机地结合起来所构成的一个完整的管理体系。绩效管理体系的实施目的是给企业管理层提供及时、准确的绩效表现情况，用以保证和推动企业中的每位成员能根据企业的战略目标来组织工作，发挥才能，带动企业的发展。

（一）绩效管理的基础

从人力资源的角度出发，职位说明书和目标管理是绩效管理的基础，一切绩效管理活动都应从职位说明书出发，根据职位说明书的任务描述和职责要求，结合公司的战略目标与年度计划，在充分沟通和协商的基础上确立员工的年度绩效目标。

1. 职位分析

职位分析是绩效管理实施的基础。职位分析的结果——职位说明书看似游离于绩效管理之外，实则不然。在绩效管理中，绩效目标的设定、绩效档案的记录、绩效沟通的持续不断进行，以及绩效考评，这些都离不开员工的职位，时刻都要以职位说明书作为依据。所以，在没有对职位进行准确分析之前，先不要着急去实施绩效管理方案，那样只会适得其反。

（1）职位分析的方法

1）观察法：观察法是指职位分析人员通过对员工正常工作的状态进行观察，获取工作信息，并通过对信息进行比较、分析、汇总等方式，得出职位分析成果的方法。观察法适用于对体力工作者和事务性工作者，如搬运员、操作员、文秘等职位。由于不同的观察对象的工作周期和工作突发性有所不同，所以观察法具体可分为直接观察法、阶段观察法和工作表演法。

①直接观察法

职位分析人员直接对员工工作的全过程进行观察。直接观察适用于工作周期很短的职位，如保洁员的工作基本上是以一天为一个周期，职位分析人员可以一整天跟随着保洁员进行直接工作观察。

②阶段观察法

有些员工的工作具有较长的周期性，为了能完整地观察到员工的所有工作，必须分阶段进行观察。比如行政文员，他需要在每年年终时筹备企业总结表彰大会，职位分析人员就必须在年终时再对该职位进行观察，有时由于时间阶段跨度太长，职位分析工作无法持续很长时间，这时采用"工作表演法"更为合适。

③工作表演法

工作表演法对工作周期很长和突发性事件较多的工作比较适合。比如保安工作，除了有正常的工作程序以外，还有很多突发事件需要处理，如盘问可疑人员等，职位分析人员可以让保安人员演示盘问的过程，来进行该项工作的观察。

2）问卷调查法：职位分析人员首先要拟订一套切实可行、内容丰富的问卷，然后由员工进行填写。问卷调查法适用于脑力工作者、管理工作者或工作不确定因素很大的员工，如软件设计人员、行政经理等。问卷法比观察法更便于统计和分析。要注意的是，调查问卷的设计直接关系着问卷调查的成败，所以问卷一定要设计得完整、科学、合理。我们可以根据企业的实际情况自制职位分析问卷，这样效果会更好。

3）面谈法：面谈法也称采访法，它是通过职位分析人员与员工面对面的谈话来收集职位信息资料的方法。在面谈之前，职位分析人员应该准备好面谈问题提纲，一般在面谈时能按照预定的计划进行。面谈法对职位分析人员的语言表达能力和逻辑思维能力有较高的要求。职位分析人员要能够控制谈话的局面，既要防止谈话跑题，又要使谈话对象侃侃而谈，职位分析人员要及时准确地做好谈话记录，并且避免使谈话对象对记录产生顾忌。面谈法适合于脑力职位者，如开发人员、设计人员、高层管理人员等。

4）参与法；参与法也称职位实践法。顾名思义，就是职位分析人员直接参与到员工的工作中去，扮演员工的工作角色，体会其中的工作信息。参与法适用于专业性不是很强的职位。参与法与观察法、问卷法相比较，获得的信息更加准确。要注意的是，职位分析人员须真正地参与到工作中去，去体会工作，而不是仅仅模仿一些工作行为。

5）典型事件法：如果员工太多，或者职位工作内容过于繁杂，应该挑具有代表性的员工和典型的时间进行观察，从而提高职位分析的效率。

6）材料分析法：如果职位分析人员手头有大量的职位分析资料，如类似的企业已经做过相应的职位分析，比较适合采用本办法。这种办法最适合于新创办的企业。

7）专家讨论法：专家讨论法是指请一些相关领域的专家或者经验丰富的员工进行讨论，来进行职位分析的一种方法。这种方法适合于发展变化较快，或职位职责还未定型的企业。由于企业没有现成的观察样本，所以只能借助专家的经验来规划未来希望看到的职位状态。

上述这些职位分析方法既可单独使用，又可结合使用。由于每个方法都有自身的优点和缺点，所以每个企业应该根据本企业的具体情况进行选择。最终的目的是一致的：为了得到尽可能详尽、真实的职位信息。

（2）职位分析的步骤

第一步，职位梳理。职位梳理是职位分析的基础，任何企业的经营管理体系都是一个完整的系统，因而人力资源管理体系绝不能脱离企业的战略、文化、组织与流程等而独立存在和运行，职位分析也不例外。所以，职位分析是建立在战略目标确定的基础上的，战略目标改变了，就需要调整组织结构，以支撑战略目标的实现。同时，根据战略目标分解，审视各个部门的职责情况，在目标战略发生变化之后，也许部门的职责要发生剥离和更改，只有在部门职责确定的情况下，我们才能更好地进行职位分析。职位梳理的第一步是对各部门的职位现状进行梳理，列出各部门现有的职位，以及具体的岗位编制；针对目前的职位现状，结合目前部门职责的情况，以及相关工作量，对部门内所有的职位进行重新设计整理。一般说来，工作负荷低于 30% 的职位可以取消，将其工作并入其他岗位；或者工作负荷太大，则需要进一步进行分解。但对民营企业说来，这种情况是很少存在的，工作量大部分是饱和的，所以在工作设计方面可以不用考虑太多的时间，但在一些刚起步的企业，职位名称的随意性很强，或者在职位分析时有些新的职位产生，那么就需要对部分职位名称进行规范、更改等，使职位名称反映该职位工作的主体工作职责，让人看了之后马上就能知道该岗位主要从事什么工作。在职位梳理的同时，也应该遵循以战略为导向的原则，面向未来，结合公司战略目标，思考公司在 1~2 年内该职位是否要增加人员，增加多少，减少多少，具体什么岗位增加、减少等。

第二步，部门职责分配表和职位说明书的编写。在部门职责确定之后，需要将部门职责进一步分解到具体岗位，形成部门职责分配表。职责分配表提供了一个整个部门进行职责梳理的便捷方式，该表强调的是职位的职责上下左右都不重叠，且需要穷尽部门的所有职责。

当然，得出部门职责分配表并不是一件很容易的事情，需要花费大量的时间和精力，先进行职位分析的培训、宣讲，然后由各部门主管领取职位说明书和职责分配表模板，需要强调的是，职责分配表的填写是部门主管和员工双向沟通的过程，但实际上他们都是各行其是，很少进行沟通，员工编写自己的职位说明书，主管完成职责分配表，这样的结果会导致职责分配表的岗位职责和职位说明书的职责有很大的出入，甚至出现很多空白地带，出现某项非常重要的职责根本就没有人"认领"，也进一步说明主管和员工并没有就职责这块达成一致，这时就要借助外面的专业力量或者人力资源部门扮演资深职位分析师的角色，把任职者以及任职者主管召集到一起，通过多次讨论、沟通及专家的牵引指导，协助任职者和主管完成对职位职责的系统思考、总结及提炼，最后使部门职责分解到具体岗位。这样，既使职位本人清楚自己的职责，又能让部门主管对下属的工作内容有更清楚的了解，就不会存在空白和交叉，并且在职责分配表中，应该做到尽可能穷尽所有的职责，以做到职责不遗漏。

第三步，职位说明书的评审。职位说明书是职位分析的直接结果，在职责分配表完成之后，职位说明书编写的工作也就大概完成了 30%，只是岗位具体人员需要根据职责分配表按职位说明书编写的要求做适当的整理，因为在职责分配表中体现的更多是流程性的任务活动，我们需要按重要性先后顺序整理出 4～8 项重要的工作，作为职位的主要职责，这些都是发生在职责分配表评审之后。在职位说明书整理之后，需要再次进行评审，根据职位分析的目标导向原则，有针对性地对职位说明书内容进行评审。例如，是要以考核为导向，还是要以薪酬为导向，或者二者兼顾等。当然评审的过程也是讨论、沟通的过程，但在过程中有一项重要的原则就是不要对应到岗位具体人员，职位说明书只是针对岗位的，如果对应到具体人员，对很多事情就很难作出公正的评价。

（3）职位分析的结果——职位说明书

职位说明书是职位分析最直接、最明显的成果，也是绩效管理的基础之一。典型的职位说明书内容常包括职位识别、职位概述、职位职责与工作任务、工作关系、绩效标准、工作条件等内容。

2. 目标管理

（1）目标管理是绩效管理的基础

目标管理法为企业绩效管理在组织层次的上下贯通提供了基础框架。以此为基础平台，可以很容易地将绩效管理工作寓于企业战略管理过程中，以主管与员工事先确定的目标及其实现程度作为依据和衡量的标准，对员工个人绩效、团队绩效和总体绩效进行考核评价。

其实施步骤一般如下：明确整个组织下一工作周期的总战略目标和任务；部门与组织领导共同商定分部门的工作绩效目标；部门主管与下属员工协商讨论，确定每个员工的个人工作目标，即为实现本部门目标任务自己需做出什么样的贡献；根据既定的具体量化目标，在期末对员工个人的工作绩效进行考核评估；定期召开绩效会议反馈信息，对每个员工和部门及团队的目标实现程度和进度及今后改进方向等提出指导意见。

（2）绩效改善目标的设定

通常是希望明确指出某个员工必须对其个人行为作出调整。例如，要求一个经常迟到的客户服务人员"每天早晨 8 点之前准时到岗，做好客户服务工作的各项准备"，或考察一个屡遭投诉的销售人员是否做到了"每个季度，将自己所接到的客户投诉控制在三次以内"等，都是绩效改善目标设定的典型方式。并非所有的员工都需要这种目标，然而，这种方式有助于通过一种清晰的、可衡量的途径，设置员工的绩效目标。目标设置得合理，会使绩效管理流程变得更加有意义。

（3）工作目标设计

所谓工作目标，是指员工未来绩效所要达到的目标，它可以帮助员工关注那些对组织更为重要的项目，鼓励其以较好的计划分配关键资源（时间、金钱等），并且激发其为达到目标而做的行动计划准备。员工个人绩效目标源于组织、部门的总体目标的分解，即通过一种专门设计的过程使目标具有可操作性，这种过程一级接一级地将目标分解到组织的各个单元。

①工作目标设计需具备职位分析能力、背景知识、工作职责描述能力、设定有效衡量的能力等技能。②设定工作目标时，应与关键绩效指标的设计遵循同样的原则，特别要注意那些不易进行量化衡量的领域；职能部门人员的工作目标是关键绩效指标的补充，而基层员工的工作目标则是基于全年的绩效计划而设定的；只选择对组织价值有贡献的关键工作区域进行设定，而且是对所有工作内容都设定工作目标；不同的工作目标应针对不同工作方面，它们之间不能重复。③对工作目标的完成效果进行评价，根据完成情况的不同，就会形成不同的评价结果，也就产生了不同的评价级别。这些完成效果的考核，特别是其中关键绩效指标的考核，在很大程度上不是由现在的数据决定的，而是根据过去若干年的生产经营统计数据得出的。一般来说，是由上级对下级的工作目标完成效果进行评价。④总结工作目标设定时的规律，可以按照如下流程来设定工作目标：了解组织的发展战略及年度绩效计划，并根据组织的战略和年度计划来决定本部门的工作任务和目标；对职位进行分析，通过职位分析，明确职位的工作性质、内容以及任职资格条件等；对工作活动内容进行归纳，形成详细的工作职责描述；对工作目标进行分析，判断出每项工作目标的重要性，并根据这个重要性的不同来决定每项工作目标的权重；对设定的目标进行检查，看看其是否与原理保持一致性，以及目标内部是否具有一致性。

（4）工作目标分解

为保证各项规划的实施，各牵头部门在与相关部门进行沟通与交流的基础上，按职责将目标分解到相关部门，各相关部门根据"年度发展规划与目标"，按职责分解为部门内各部分的年度目标、季度目标和实施计划，形成"部门季度计划"；重要干部或职位，要按月分解，制订月工作计划；员工要落实到与职位责任书对应。把企业宗旨和目标分解到个人的职位责任书，即为监控和考核打下了扎实基础。

（二）绩效管理的组织系统

绩效管理是一项系统工作，需要成立相关组织，建立完善的绩效管理组织责任体系，确定各职能部门的职责范围，确认职责、分清角色并协调各个部门的工作，最终将绩效管理融入各层级管理人员的工作中，保证绩效管理的正常运转。

现代人力资源管理特别强调各层级管理人员的职责和参与，绩效管理不仅仅是人力资源部门的事情，也是企业各级组织、各级管理者及全体员工的责任，应准确定位、明确分工，推进绩效管理工作顺利进行。

（三）绩效管理的侧重点

针对绩效管理的误区，绩效管理的侧重点在于：①绩效管理是战略落地的工具，实现组织战略目标是绩效管理的根本出发点；组织文化与绩效管理相互影响，不可偏废。②各级管理者应是企业绩效管理的第一责任人及直接责任人。许多企业的高层管理者误认为绩效考核是人力资源部的事情，因而从制定绩效指标到最后的绩效反馈都不参与。这样的观点是错误的，因为只有高层管理者的积极参与和支持，才能解决在考核过程中出现的种种问题和矛盾。绩效考核的主要执行部门是人力资源部，但是高层管理者也要积极参与其中。③由关注单一结果到关注过程，进行全面绩效管理。绩效管理不仅是对员工表现和工作效果进行考核管理，而且还应以企业战略目标为依据与员工沟通，共同制订绩效计划。④加强组织、部门、个人绩效目标的联动，实现个人绩效与组织绩效的有效结合。⑤考虑绩效考核指标与标准设置的科学程序与方法，以及绩效考核指标设计的 SMART 原则：具体的、可衡量的、可达到的、相关的以及以时间为基础的。⑥注重分层分类的绩效管理体系的建立以及绩效考核方法与模式的动态适应性。⑦绩效改进是绩效考核与管理的核心内容，重视组织的绩效总结与中期述职报告。⑧建立绩效管理的机制与制度保障，确保绩效管理的执行。⑨加强绩效管理制度的严格执行。⑩沟通是绩效管理的生命线，是提升组织绩效与员工能力的有效途径。在绩效管理过程中沟通是贯彻始终的，从绩效目标的设定到考核结果的反馈都需要管理者与员工的不断沟通才能得以实现。让员工了解管理目标、实施情况、管理结果等，不仅可以增强员工参与的积极性而减少管理中的阻力，还可以激发员工的信心与斗志，促进其对考核结果的接受度。而绩效管理中的沟通也可以使管理者更加全面地了解员工，消除一些管理过程中可能会产生的感性误差、偏见误差等心理因素的影响。

（四）绩效管理中的沟通与辅导

企业绩效管理中关键的一个环节就是与员工的沟通。在沟通过程中除了要考虑如何与员工进行有效的沟通外，还要注意通过沟通要达到使员工明确如何提高自己绩效的目的。

员工在工作中表现不佳的原因有很多：员工不清楚做这项工作的原因；员工不清楚应该如何完成这项工作；员工不清楚自己该做什么工作；员工觉得你的要求没办法实行；员工觉得自己处理问题的方法比较好；员工觉得其他事情更重要；员工觉得已经按照你的要求在做事情；员工觉得做对的事情反而会获得负面的后果；员工的努力得不到任何

回报；员工做了该做的事情，却得到了惩罚；员工没有做该做的事情，反而获得了奖励；即使工作表现比较差，也不会有任何负面后果；在员工控制之外的各种障碍；由于员工的能力所限，不能有良好的表现；员工的个人问题；没有其他员工办得到。

员工工作表现不佳的原因与企业的绩效沟通做得好不好息息相关。与员工进行绩效沟通中要注意以下一些关键问题和沟通技巧。

1. 绩效沟通的注意事项

一些企业过于注重绩效考核的成绩，片面强调考核成绩与薪酬挂钩，忽略了将企业的整体发展和战略计划与员工沟通的重要性，产生员工不清楚为什么要做这项工作的情况。在不了解原因的前提下，想要高效率地完成工作比较困难，这样往往就会导致员工工作表现不佳。

企业管理者应该充分理解绩效管理的内涵。绩效管理不仅是对员工绩效指标的考核，而且还要注意员工的发展和提高。绩效管理要求所有管理者和员工都要参与进来，对企业战略、各自职责和管理方式及手段进行明确的沟通。经过沟通与讨论确定下来的管理方法才最有效，员工才可能执行得最彻底。

经过充分沟通可以使员工更加努力，将自己的目标与企业的战略目标结合起来，共同实现企业的经营目标和战略规划。

因此，沟通是企业绩效管理的第一要素。只有有了有效的沟通，才能实现高效的绩效管理。

2. 绩效辅导的注意事项

（1）绩效辅导的类型

①一对一的具体指导。对那些在完成工作时可能缺乏相关知识或技巧的员工要给予这种类型的绩效辅导。将其所要完成的工作进行拆分，将完成的步骤逐一讲解给员工，这样可以使其清楚地了解应该如何完成这样的任务，在今后遇到类似的任务时其就能很好地处理。②大体方向的指导。有些员工在完成工作时，遇到某些特定的情况会出现没有处理经验或缺乏相关处理支巧的情况，针对这种情况可以给予员工大体方向上的指导，让其明白应该本着怎样的态度和目的来处理这样的问题。通过指导来增强员工的工作技能和知识，以取得良好的长期效果。③鼓励和建议。这种类型的辅导适用于那些具备完善知识和专业技能的员工。对这些员工在完成工作时给予一定的支持和鼓励，在某些情况下给予一定的建议就可以很好地提高这类员工的绩效表现。

（2）绩效辅导的时机

员工在遇到困难或有新的想法，或者创意需要得到认可时，会主动请求绩效辅导。针对初级员工，直属上级主管应不断了解下属的工作进展情况，在员工遇到问题时给予及时的绩效辅导，以使员工充分了解应如何处理问题，明确自己该做什么，如何完成自己的工作。当发现员工的某些工作可以通过更好、更有效率的方法改进时，可以对该员工进行绩效辅导。当员工通过培训学习了新的技能时，直属上级主管应该通过绩效辅导鼓励员工将新的技术运用到实际工作中。

（3）绩效辅导的内容

对表现良好的员工，主要是对其进行鼓励和表扬，使其能保持进取心，以取得更大的进步；对一些有需要对其工作进行指导和帮助的员工，绩效辅导的内容要更加具有针对性，对具体员工所遇到的问题或企业希望员工达到的目标来进行绩效辅导。无论出于哪种目的，绩效辅导内容中最关键的是如何进行辅导，也就是辅导的技巧。辅导的技巧关键在于，如何运用问题的力量及在什么情况下给出正确的解答。在绩效辅导的过程中，最佳辅导方式就是问答的方式，即用问题来启发员工，使其能主动思考解决问题的方法，再根据其思考的方法进行讨论，之后再进行总结和解答。这个方法可以使员工学会处理问题，以达到绩效辅导真正的目的——提高员工自我解决问题的能力。

（4）绩效辅导的步骤

首先，绩效辅导要使员工明白绩效辅导的重要性和必要性；其次，询问员工在工作中遇到的具体问题及能够解决问题的方法，并且适当地给出建议；第三，根据企业的战略目标与员工通过沟通共同协商彼此希望达到的绩效目标；最后，根据确定的目标，共同商讨可以采取的办法，并确定下次交流的时间。

3. 有效进行绩效沟通的关键

绩效沟通是指考核者与被考核者就绩效考评反映出的问题以及考核机制本身存在的问题展开实质性的面谈，并着力寻求应对之策，服务于后一阶段企业与员工绩效改善和提高的一种管理方法。

绩效沟通虽然非常重要，然而在现代企业的绩效管理过程中，这一环节常常被忽视，或由于沟通的草率而缺乏正规性与针对性，并且由于我国的上下级关系长期受等级观念影响，导致绩效沟通中常常缺少互动，多为管理者对下级的单向沟通。这些原因使得绩效沟通难以发挥其应有的作用。

（1）绩效沟通需要秉持正确的理念

绩效管理不是为了对员工进行核查、质询、监控和评价，而是出于对员工负责、希望员工成长的角度进行的管理活动。因此，在绩效沟通的过程中，管理者应鼓励员工多表达，只在过程中适当地进行引导和激励。在沟通过程中，也要注重激励和辅导，针对具体工作事件，而非泛泛之谈，既要关注现有工作中的问题和困难如何解决，又要注重辅导下一步工作如何开展。

（2）绩效沟通需要设计沟通过程

例如，在绩效评估结果反馈阶段的沟通，其沟通过程可能包括事前准备、预约沟通、员工陈述、管理者点评、告知考核结果、员工对考核结果的反馈、沟通下一步工作计划等过程。相对于管理者临时把员工叫进办公室花十分钟时间进行的"沟通"，上述过程复杂的绩效沟通明显具有更高的正规性，也表明了管理者对此次沟通的重视态度。当绩效沟通具有较高的正规性、针对性，沟通的内容更能得到员工的重视，沟通效果也就得到了一定程度的保证。

在考核的前期准备阶段，主要进行理念沟通。通过宣传、培训等手段，让员工认识到，绩效考核不是为了对员工进行监控乃至淘汰，而是为了促使其自身绩效水平的提升、为其提供更好的工作环境；让管理者们意识到，考核对他们不是威胁，而是可以帮助他们提高部门的业绩管理水平的工具。这一阶段，绩效沟通的目的就是实现让全员由抵触到接受，甚至主动沟通的理念转变。

绩效计划的制订阶段是整个绩效管理体系中非常重要的一环，即确定员工在考核期内应该完成什么工作和达到什么绩效目标。因此，需要管理者与下属就绩效计划进行反复沟通，最终达成一致。这一阶段适宜采取一对一面谈的形式。

考核过程中的绩效沟通是绩效能否按计划开展的关键控制点，在这一阶段，管理者需要与员工频繁沟通，以确保及时发现并纠正员工在完成计划中的行为偏差，并及时给予帮助与指导。同时，管理者应当鼓励员工如果在计划实施中遇到了意想不到或无法解决的障碍，及时与自己沟通，双方一起分析问题的来源，以找出解决办法。

绩效结果反馈阶段非常重要，管理者应积极、正式地与下属进行绩效沟通。管理者要对考核的结果进行反馈与肯定，鼓励员工提出对考核结果的意见，双方尽量达成共识；对考核结果未达标的下属，管理者还需要与下属共同分析结果产生的原因，努力寻求解决方案；管理者应对下属采取鼓励的态度，激励员工取长补短、在未来更进一步。绩效沟通的目的在于管理者了解员工实施改进措施的情况，及时进行提醒、纠正与提供支持。

绩效沟通是绩效管理的核心，通过恰当、有效的绩效沟通，管理者可以及时了解企业或部门内外部管理上存在的问题，并及时实施改进的策略。同时，积极的绩效沟通也有助于帮助员工的工作绩效及工作满意度的提升，推动企业整体战略目标的达成。

二、绩效管理的循环

企业的绩效管理实际上是一个循环的管理体系，在实行时通常分为五个步骤：绩效计划、绩效实施、绩效考核、绩效反馈、绩效结果应用；这些步骤为一个循环。

（一）绩效计划

在绩效管理体系中，人们往往容易将注意力集中在绩效考评上，想方设法地找出最佳考评方式和理想的考评流程，但是绩效考评只不过是绩效管理体系中的一个环节，而且其在整个绩效管理循环体系中投入的精力应该是最少的。也就是说，我们不能简单地将绩效管理等同于绩效考评，更不能将绩效管理作为一项孤立的工作。如果绩效管理不能与员工发展、绩效改善、组织战略、薪酬管理等紧密相连，它就只是一种摆设与"作秀"。

为了实现企业的愿景并完成其所制订的战略计划，首先要将企业战略分解为若干可以具体执行的项目或目标，然后将这些目标落实在职能部门的各个岗位上。针对各个职能部门和各个岗位的不同进行适当的职能分析、工作分析和就职人员资格分析。

进行各项分析之后，职能部门的管理人员应当与本职能部门的员工共同就工作目标和工作职责进行讨论，使员工清楚在绩效计划的周期内应该完成的项目或具体目标是什么、考核的标准是什么、考核该项目或目标的原因是什么、该项目或目标完成的最后时间节点是什么，以及在完成项目或目标过程中员工的决策权限是什么等。

（二）绩效实施

一旦绩效计划确定，员工（绩效计划的被考核者）应根据计划开始实施。在绩效实施的过程中，管理者不仅要对被考核者的工作进行监督和指导，还要注意随时与被考核者保持沟通，发现问题及时解决和处理，而且可以适时地根据实际情况对绩效计划进行调整。绩效管理与传统管理手段最大的差别在于其人性化的特点。因此，管理者在绩效计划实施过程中要关心和尊重员工，员工之间以及员工与管理者之间是一种服务和支持的关系。

（三）绩效考核

1.考核期限

绩效考核可以根据各个企业或部门的不同情况设定不同的考核期限，如月考核、季度考核、半年度考核和年度考核。

2.衡量标准

绩效考核的衡量标准是根据事先确定的工作目标及标准来考核员工实际完成绩效情况的一个过程。

3.考核方向

绩效考核包括对员工工作结果的考核和工作行为的评估两个方面。工作结果的考核是对考核期间内员工工作目标完成情况的测量和评价。一般由该员工的直接上级按照事先确定的衡量标准对员工每项工作目标的完成情况进行评定。工作行为的考核则是针对员工在绩效考核期间内所表现出来的具体工作行为和工作态度进行评估。

4.考核评价方法

绩效考核过程中应运用正确的绩效评价方法或绩效评价方法组合。每一种绩效评价方法都有其优点和不足，如表 5-1 所示。

表 5-1 绩效评价方法比较

方法	原理	优点	缺点
图尺度考核法	是给考核要素赋予最符合其绩效状况的分数的一种方法，是最简单、应用普遍的绩效考核技术之一，一般采用图尺度表进行打分	使用简便，能为每一位员工提供一种量化的评价结果	考核标准可能会比较模糊；晕轮效应、居中趋势、宽大或严格倾向、个人偏见等都可能成为影响因素
目标考核法	主管和下属共同参与，追求双方达成一致的目标，使组织的目标得到确定和满足，其目标必须是详细的、可测量的，受时间控制，并与一个行动计划相结合，在绩效测评期间，每一个进步的取得和目标的实现是可以测量和监控的	能够把考核者和被考核者的注意力紧紧地吸引到双方都认可的绩效目标上	比较费时
关键事件法	是一种通过员工的关键行为和行为结果来对其绩效水平进行考核的方法，一般由主管将其下属员工在工作中表现出来的非常优秀的行为事件或者非常糟糕的行为事件记录下来，然后在考核时点上(每季度或者每半年)，与该员工进行一次面谈，根据记录，共同讨论，来对其绩效水平作出考核。关键事件的记录可以确保考核所依据的是员工在整个考核期内的表现，而不仅仅是员工在一段时间内的表现。记录的关键事件是考核的主要依据，但不是唯一依据，主管要避免以某一件事情的好坏来决定员工在整个考核期的综合绩效	可以帮助考核者确认在员工的绩效中什么是"正确的"，什么是"错误的"；它能迫使主管人员对下属员工的绩效进行持续性的评价	很难对员工作出评定或者难以对员工的绩效进行排序
交替排序法	是通过比较判断总体绩效的一种方法，先分别挑选"最好的"与"最差的"，然后挑选"第二好的"与"第二差的"，依次进行，直到将所有的被考核人员排列完毕为止，以优劣排序作为总体绩效考核的结果。交替排序法在操作时也可以使用绩效排序表	使用简便（但还是不如图尺度考核法简便）；能够避免居中趋势和图尺度考核法的其他一些问题	可能会引发员工的不同意见，并且如果所有员工的绩效事实上都很优秀时，这种做法可能是不公平的
强制分布法	是按照某种分布（通常为正态分布）对考核结果或者被考核者进行合并归类或归档	按照事先确定的数量或百分比最终将被考核者归入每一个绩效等级中	员工最终得到的考核结果取决于考核者将临界点选择在哪里
行为锚定等级考核法	是基于对被考核者的工作行为进行观察，对比该行为对应的绩效等级，从而评定绩效水平的方法	能够为考核者提供一种"行为锚"，这种方法可能会非常精确	开发设计难度较大

（四）绩效反馈

绩效管理着重于互相协作，因此不能简单地认为绩效考核评分后绩效管理就结束了，还应根据绩效考核的情况进行反馈。绩效反馈主要的表现形式是绩效面谈，在面谈过程中管理者可以使员工更加清楚其直属上级对其工作的期望，并针对绩效考核中暴露的问题进行工作行为上的改进。而且，员工也可以在绩效反馈中提出自己所面临的问题与困难，以寻求上级的帮助和指导。

下面的这些反馈原则有利于增强绩效反馈过程的潜在作用。

1. 反馈应当是经常性的，而不应当是一年一次

首先，管理者一旦意识到在员工的绩效中存在缺陷，就有责任立即去纠正它。其次，绩效反馈过程的有效性的一个重要决定因素是——员工对于评价结果不感到奇怪的程度。因此，应当向员工提供经常性的绩效反馈，从而使他们甚至在正式的评价过程结束之前就几乎能够知道自己的绩效评价结果。

2. 在评价面谈之前让员工本人先对个人绩效进行自我评价

自我评价可以通过将面谈重点放在上下级之间存在分歧的问题上而使反馈过程得以更快地进行，而这会提高绩效反馈过程的效率。而且，对自己过去的绩效进行过认真思考的员工更有能力完全参加到反馈过程的讨论中。

3. 鼓励员工积极参与绩效反馈过程

当员工参与到绩效反馈过程中时，他们通常都会对这一过程感到满意。参与的形式包括让员工发表他们对绩效评价的看法以及参与制定绩效目标的讨论。一项研究发现，参与除了会导致员工对上级监督者的满意度提高之外，还是预示员工对绩效评估反馈过程的满意程度高低的一个最为重要的因素。

4. 多问少讲，积极地倾听

发号施令的经理很难实现从上司到"帮助者""伙伴"的角色转换。管理者在与员工进行绩效沟通时遵循 2/8 法则：80% 的时间留给员工，20% 的时间留给自己。而自己在这 20% 的时间内，可以将 80% 的时间用来发问，20% 的时间才用来"指导""建议""发号施令"，因为员工往往比经理更清楚本职工作中存在的问题。换言之，要多提好问题，引导员工自己思考和解决问题，自己评价工作进展，而不是发号施令，居高临下地告诉员工应该如何。

5. 避免偏见与先入为主

面谈虽然依据绩效考核结果进行，但有的主管仍然容易带有错误的预备知识或先入为主的观念，甚至持有个人偏见。先拥有客观的预备知识，然后心态上又要以白纸的状态来主持面谈，这虽然极不易做到，但它却是面谈主持者所应注意的重要项目之一。

（五）绩效结果应用

绩效管理最重要的一个环节在于如何将绩效考核结果应用到实际工作中。企业的绩效考核结果可以作为人力资源规划的数据，规划职位的替补与升迁；可以成为企业招聘的参考因素；可以为员工的职位调整，以及员工薪酬及奖金分发提供可靠依据；可以指导员工工作的改进；可以根据绩效考核及绩效反馈的结果了解员工缺乏哪些方面的技能和知识，为企业制订员工培训计划提供基础；还可以指导企业正确处理员工之间的关系，形成良好的工作气氛。目的在于促进员工能力的不断提高，保持绩效持续改进和发展，

这也是绩效管理的重要目的。

企业的绩效管理主要通过对绩效考核结果的运用来实现，绩效管理基本上可以应用于七个环节中。

1. 人力资源开发与规划

人力资源部可以根据绩效考核的结果分别制定员工的发展规划和培养方向，这样可以最大限度地发挥员工的优点，并且使缺点最小化，还可以帮助员工实现其职业生涯的规划。

2. 招聘甄选

可以根据绩效考核的结果进行分析，确认在企业招聘中采取何种评价标准来选择员工能提高绩效的预测度，这样既可以提高招聘质量，也可以降低招聘成本。

3. 员工职务调整

根据绩效考核结果可以对员工的职务进行适当的调整。如果员工的多次绩效考核结果都不合格，那么在绩效反馈中应当考虑该员工是否能胜任该项工作，如果不能胜任，则应当考虑为其调整工作岗位。如果不是能力胜任问题，则应考虑如何使员工端正工作态度，改正工作行为。如果在进行绩效沟通及职位调整后该员工仍然多次绩效考核不合格，那么企业可以考虑将其解雇。而对绩效考核成绩比较优秀的员工，则应当考虑对该员工在晋升或调职时给予优先考虑。这种职务上的调整是企业合理控制劳动成本并能顺利发展的一种保障。

4. 薪酬与奖金的分配

绩效管理可以为企业提供有效的员工激励机制。因此绩效考核结果最常见的应用就是在薪酬及奖金分配过程中。

许多企业都设有业绩工资，业绩工资直接与员工的业绩挂钩。因此一般来说，绩效评价越好，那么业绩工资就越高。这就是企业的一种有效激励员工追求高业绩的激励机制。

同时，还要注意对不同职位的员工进行薪酬和奖金分配时要采取不同的方式。例如，对业务人员应该将考核重点放在业绩上；对研发人员应该将考核重点放在其开发的成果上，或者通过项目管理及产品的市场收入来衡量；对职能人员，要通过管理项目和服务满意度来衡量。

5. 员工的绩效改进

绩效反馈有助于员工了解自己的不足和应当改进的地方，对自己的工作进行合理的改进，有利于员工增加一些符合期望的行为，消除不被期望出现的行为，通过绩效辅导强化或指导员工的绩效表现。

6. 企业培训

对在绩效考核中发现能力不足的员工或在绩效提高中遭遇瓶颈的员工，企业可以为其提供相应的培训。这种方式不仅对员工的自我提高大有好处，也可以提高企业工作业绩，对企大有裨益。而企业所提供的培训也是员工最为看重的，因此培训也成为企业吸引优秀人才的一项有利条件。企业的培训并不是越多越好，企业应该将绩效考核结果进行分析，有针对性地对员工进行培训。

7. 处理内部员工关系

员工的奖惩、晋升、降级、调动等都基于公平合理的绩效评估的基础上，这样可以减少人力资源管理环节上人为的不确定因素，进而保证企业员工相互关系的平衡，能做到公平合理、正确地处理员工关系，形成良好的工作氛围。绩效管理是一个双向沟通的渠道，可以帮助直属主管与员工建立有效的绩效伙伴关系。

第四节　绩效考核制度

绩效考核是绩效管理的核心。考核的功能不仅仅在于其是员工过去工作的反映，更重要的是可以通过考核，发现问题，找出差距，可以重新整合资源、调适目标，起承上启下的作用。考核的过程就是组织行为诊断的过程。绩效考核提供企业绩效方面的信息，鼓励和促进单位之间竞争，有助于公众的监督，还可以诊断组织中的问题并提出有针对性的改进措施，从而推动效率和服务质量的提高。

一、关键绩效指标的设定

关键绩效指标又称KPI，关于KPI的含义，首先，KPI是企业进行绩效考核体系的基础，因而KPI必须是可量化或可行为化的。其次，KPI是将企业员工的绩效目标与企业整体的战略目标联系起来的桥梁，因而KPI是针对组织战略目标起到增值作用而设定的指标。最后，基于KPI的沟通可以使企业员工及管理者充分了解工作的期望和未来发展的方向。

（一）关键绩效指标的设定标准和程序

1.KPI设定的基础

KPI的设定前提是将企业的战略目标层层分解到各个部门和各个员工，使其了解工作中应达到的工作产出。KPI界定了企业的各个部门和员工应该做些什么、做出来的结果是什么。这个产出结果可以是有形产品，也可以是某种结果状态。

2.KPI设定的两种基本方法

首先，KPI的设定以各个职位的岗位说明书为基础，在考虑到企业长期目标和短期利润相结合的基础上，选择该职位5~8个最能反映被考核者业绩的评价指标作为KPI的指标。其次，采取硬性指标与软性指标相结合设立岗位的KPI。硬性指标是通过指标计算公式计算出来的，软性指标是考核者对被考核者的工作表现和业绩表现进行主观分析，直接给被考核者打出分数。采取硬性指标与软性指标相结合的方式可以更加全面地对被考核者进行考核。

3.审核KPI是否合理

在KPI设定完成后，要经过审核才能开始实施。在审核时要注意如下问题：该KPI是否能够被衡量？该KPI是否具有可操作性？进行绩效考核时，会不会出现多个考核者对同一KPI理解不同的情况？这些KPI是否能够反映被考核者的绝大部分工作指标？该KPI是否给被考核者留下了超越原有工作计划的空间？

4.实施与监控KPI考核过程中，会遇到很多意想不到的问题

如果发现KPI设定得不科学，就应该对原有的KPI进行一定的调整，以保证整个考核的科学性和合理性。但是这种调整只能是小范围的微调，否则会造成人力资源政策的混乱。

（二）关键绩效指标的设定

KPI的基础是员工的工作产出，KPI是企业战略的风向标，是企业明确地向员工传达对其业绩和工作表现的期望。

1.明确企业战略经营计划

在确立各个部门和岗位的KPI之前，一定要先了解企业整体战略及经营计划。企业经营计划大体包括：企业在一定时期内的经营业绩计划和KPI；为影响企业整体绩效和衡量员工工作的绩效计划和评估内容划分比例与权重；将KPI设定为目标值与挑战值两种；确定具体的绩效评估周期。

2.KPI的设定和衡量方法

在确认好企业的经营计划后，可以根据企业的经营计划设定员工的KPI。

（1）KPI的分类

可以用量化的数字来衡量的业绩指标，通常可以称为定量指标；无法很好地用量化的方式来衡量的行为指标和能力指标，应采取判断其完成情况优劣的方式来衡量，可以称为定性指标。

（2）KPI的来源

企业的战略指标；员工岗位职责；员工在工作中遇到的问题。

（3）KPI的创建方法

将企业战略目标直接作为本部门指标，将企业整体战略目标直接作为本部门绩效指标，只进行小部分的修改即可。参考其他部门或组织的目标进行修改使之适应本部门，

借鉴其他部门或员工绩效指标进行修改使之成为本部门或直接的绩效指标。企业也可以自己创建指标，在创建指标之前要先创建整体目标，之后再将其分解成为具体目标，并且要考虑所创建指标的可衡量性及可操作性。

（4）创建KPI的流程

首先，将企业战略目标分解，并且分析各战略目标成功的关键点；其次，将分解后的战略目标根据各个部门的分工分解到企业的各个部门中，并且明确各个部门的工作；最后，将各个部门指标根据岗位职责分解到具体员工。这样基本上就完成了企业绩效指标的制定，同时将企业战略与员工的工作目标相结合。

（三）关键绩效指标的量化和评分方法

1.KPI的量化

KPI分为定量指标和定性指标，定量指标通常可以用数字形式反映出来，可以进行量化。那么，定性指标要如何量化呢？此时可采用CQT的方式进行考核：C代表Cost，指成本——完成指标所耗费的成本；Q代表Quality，指质量和数量——所完成工作的质量；T代表Time-bond，指时间限制——是否按时完成工作任务。

2.KPI考核评分方法

KPI考核评分方法多种多样，选择比较合适的方法是非常重要的，否则将影响整个绩效考核的公正性和合理性，也会影响整个绩效管理。有时绩效考核并不是采取单一的评分方法，而是用多种评分方法相结合的形式进行的。

统计评分法：统计评分法是根据员工的绩效表现得分乘以绩效表现所占的权重进行打分的一种评分方法。由于被考核者的不同，因而在设计该评分表格时应根据职位的不同调节不同绩效表现所占的权重。这样可以比较客观、全面和公平地衡量被考核者的绩效成绩，也可以体现企业战略目标的倾向性。

统计评分法最显著的特点是将考核内容分配到各个工作层面，根据各个岗位要求的不同采用不同权重进行考核。在统计评分法的考核中，考核者会力求做到公正客观，但由于考核形式的限制难免存在一定的问题。

区间评分法：对进行主观衡量的考核来说，区间评分法是根据被考核者所在的组织中全体对象的实际情况进行评分的。绩效表现最好的可以评最高分，绩效表现最差的可以评最低分，其他被考核者就在此区间内进行排序。例如，在统计评分法中的"工作完成质量"，就可以将区间评分法结合进去，也就是设定一定的强制分布比例。

加减评分法：除了统计评分法和区间评分法之外，在有些考核项目中还可以采取加减评分法来进行。这时要对该考核项目设定一个标准分，此标准分可以是该考核项目的最高分，也可以是该考核项目的合格分。如果标准分为合格分则多采用加法评分法；如果标准分为最高分则多采用减法评分法。

在运用加减评分法时一定要注意避免引起考核者与被考核者的争执，因而最终的加分或减分一定要有依据，且要向被考核者进行解释说明。

一票否决制：在进行关键指标考核过程中还存在一种情况，即在某些考核项目中设定最低考核分数值，被考核者在考核中如果没有达到最低的绩效要求，那么该被考核者的整体绩效考核则全部为不合格。这就是所谓的一票否决制。例如，在区间评分表中提到的产品质量合格率的评分，如果生产的产品质量不能达到最低标准的 90%，那么该员工的本次绩效考核则为不合格。如果员工出现一次重大失误，则当年考核为不合格。

二、考核者误区

（一）考核者误区的类型

在绩效考核过程中，考核者不管采用哪种考核方式，都可能对某些员工造成相对的不公平，不可避免地出现或多或少的误差。常见的误差类型主要有：

1. 晕轮效应

晕轮效应是指当认知者对一个人的某种特征形成好或坏的印象后，他会倾向于据此推论该人其他方面的特征。晕轮效应意味着，如果对下属某一绩效要素的考核较高，会导致对此人的其他绩效要素也会考核较高，晕轮效应反映的是"以偏概全"的评价倾向。

2. 宽大化倾向

宽大化倾向是全世界最为盛行的考核误差行为。受这种行为倾向的影响，考核者对被考核者所作的考核往往高于其实际成绩。这种现象产生的原因主要有：考核者为了保护下属，避免留下不良绩效的书面记录，因而不愿意严格地考核部下；希望自己部下的成绩优于其他部门员工的成绩；对考核工作缺乏自信心，避免引起考核争议；考核标准不明确；考核者想鼓励工作表现有进步的员工。

3. 严格化倾向

严格化倾向是指考核者对被考核者工作业绩的考核过分严格的倾向。有些考核者在考核时喜欢采用比公司制定的标准更加苛刻的标准。严格化倾向产生的原因有：考核者对各种考核因素缺乏足够的了解；为了惩罚一个顽固的或难以对付的员工；为了使一个有问题的员工主动辞职；为下一次有计划地解雇制造一个有说服力的记录；为了缩减凭业绩提薪的员工数量；为了遵守组织的规定（组织不提倡考核者给出考核高分）。

4. 中心化倾向

中心化倾向是指考核者对一组被考核者给出的考核结果相差不多，或者都集中在考核等级的中心附近，导致考核成绩拉不开距离。当发生这种误差时，所有员工均会得到平均或接近平均的得分，致使考核者不能辨明谁是最佳和谁是最差的工作者。例如，在图示量表法中，设计者规定了从第一等级到第五等级的五个考核等级。考核者很可能会避开较高的等级和较低的等级，而将他们的大多数下属都评定在第二、三、四这三个等级上。

5. 个人偏见

考核者个人偏见是指在进行各种考核时，考核者可能在员工的个人特征，如性别、年龄、性格、爱好等方面存在偏见，或者偏爱与自己行为或人格相近的人，造成人为的不公平。有些考核者可能会对女性、老年人等持有偏见，从而低估其绩效；不少考核者会对与自己关系不错、性格相投的人给予较高评价，这些都会在组织中有意无意地造成不公平。

6. 板块效应

人们习惯把处于不同层次的社会群体视为较稳定的板块，而对处于该群体中的某一成员也认定具有此板块特征，从而产生板块效应，如考核时人们往往给青年员工考核打分不高，这是因为社会普遍认为青年人缺乏经验，办事不够稳重，还有待锻炼等。在板块效应作用下，考核者会将这个一般性、概括性的结论硬套到某一具体的青年考核对象上，从而导致他得分较低。

（二）避免考核者误区的方法

考核者误区通常难以完全避免，但只要考核者在实际工作中有意识地加以防范，就可以使其对绩效考核结果的影响减少到最小限度。考核者误差实际上是考核者在主观上发生的错误。因此，通过使考核者了解这些误差来避免其发生是最直接且最有效的方法。

为了避免各种考核者误差，可以采用的措施有：对考核者进行培训，准确界定绩效考核指标和标准，正确认识绩效考核的目的，选择正确的绩效考核方法，提高考核者对绩效考核的信心，学会如何收集资料，端正考核者的工作态度等。

三、绩效考核的阻力与对策

在实际运用中，大多数企业由于种种原因，在绩效考核方面执行得很不到位。

（一）绩效评估的阻力

绩效评估的阻力主要可以归纳为下述三个方面：

1. 主管方面

在绩效考核过程中，主管有时难免有主观上的判断失误和偏见，这样会影响绩效考核的正确性。另外，组织常运用考核结果作多方面的用途，如奖励或惩戒员工，主管基于这些顾虑，往往措施委婉，不愿真实考核。通常一项考核的曝光频率越高，主管所遭受的压力也越大，困扰也越多。

2. 员工方面

主管的偏见可使员工成为牺牲品。由于主管的主观成见或员工无意间造成的小差错，都可能产生绩效考核的错误。就员工本身而言，多数认为绩效考核过程不够周密，往往自己好的一面难以被主管发现。因此，他们常认为中等评估，如"普通""尚可""合乎要求"等，只不过是应付了事、令人泄气的评语。

3. 绩效考核标准本身的问题

（1）绩效考核很难评估创意的价值

举例来说，一家销售女性服饰的公司，最近改变了货架陈设格局，并且新增了店头广告（POP广告），这一项创意性的工作由分管销售的副经理负责；同时，该店新聘了一批营业员并由人力资源部对他们进行了培训，结果本月销售额大幅上升。这样很难评价这一绩效哪些源自销售副经理的创意性工作，哪些源自营业员服务水平的提高。

（2）绩效考核很难评估团队工作中的个人价值

在一个相互协作的团队中，一项工作成果的取得是团队共同努力的结果，如一则成功的产品推广，需要有构思文案的文案撰写人，绘制版面的美工人员，以及设计版面的版面设计人员，怎样评价他们哪一个人贡献更大一点呢？

（3）绩效考核的标准往往忽略了不可抗力的因素

在两个员工同样努力工作的情况下，也会由于种种不可抗力因素的影响导致绩效截然不同。对机床操作工来说，绩效考核的标准往往是他生产产品的数量和合格率，水平相似的两个工人，如果一人的机床经常出现故障，则两人的工作绩效会有较大差别。

此外，绩效考核本身还存在种种问题导致组织内人员对绩效考核的排斥。由于绩效考核在实施过程中遭受着种种阻力，所以急需一套能突破阻力的对策，使绩效考核过程少走弯路，顺利达到预定目标。

（二）克服阻力的对策

1. 克服对绩效考核的"先天性心理障碍"

这种"先天性心理碍"可能是因为不恰当使用的经验，使企业的管理者对实施绩效考核的一些前提认识不清所致。要消除这些负面后遗症，就应针对考核的动机和目的、效益与风险重新予以理清，甚至有关实施绩效考核的一些先天限制也要提出来，避免错估与不当期望，能够有心理准备，执行的失败率势必大为降低。

2. 重视绩效标准的建立与事前沟通，以强化员工工作界定

许多绩效评估之所以未能落实，其原因之一即在于未能确定绩效标准的正确定义，

以及未能明确地将绩效考核标准事前与员工沟通。标准建立得"恰当"与"实际"，对强化员工工作界定将大有裨益，否则绩效考核效果注定要大打折扣。事前沟通十分必要，否则将无所适从。

3. 设定绩效考核适用可行的实施程序

整个考核过程应包括搜集情报、比较考核结果与所设定的标准的差异，此外，更重要的是，员工要能接受并认为考核是公平的，并因而能进一步制订一套绩效改进计划。

4. 强调绩效考核面谈的重要及主管与员工的事前准备，增强与员工的沟通效果

绩效考核面谈不仅能让主管和员工之间就工作表现达成共识，也提供了建立彼此感情和默契的大好机会。面谈前适当的准备是不可缺少的，而面谈时掌握原则与技巧则可以更好地达到目标。

5. 考虑我国社会的文化习惯，获取全体员工的支持

我国传统文化中一向爱讲人情，的确给绩效考核的有效实施带来了一定阻力。在考虑我国文化习惯的基础上，在绩效考核实施前进行适当宣传，晓之利弊，争取员工与主管的全面支持与配合。

6. 请员工进行自我评估，以减少其与主管的摩擦

以明确的工作分析为基础进行绩效考核，员工的绩效目标与绩效标准的达成均应以"员工参与"为前提，自我评估是相当好的一种方法。因为员工的参与，就是一种承诺，有了承诺，员工自然会有更多的投入，到绩效考核时，员工如能根据之前参与设定的绩效标准进行自我评估，就能更客观与体谅地接受考核的结果，减少主管的压力。

四、深化绩效考核改革

绩效考核改革承担企业发展战略和经营目标落地任务，通过加强组织领导、提高思想认识、持续创新机制，深化推进和强化执行绩效考核改革，从而提升全员积极性和工作动力，为开创工作新局面、实现跨越式发展起到保障和推动作用。

（一）考核体系从顶层贯通各级，发挥"指挥棒"作用

通过设定科学的绩效考核制度，构建"一级管理、全员覆盖"模式。一级管理，即企业成立绩效考核领导小组，负责绩效考核工作的探索推进与组织落实。全员覆盖，即企业各所属单位结合自身实际，出台本单位的实施办法及实施细则。一系列绩效考核制度的颁布与实施，使整个绩效考核体系内不同层面、不同层级人员的绩效考核均能找到制度支持，从制度层面上做到全部覆盖。同时，全员纳入绩效考核体系，保证考核横向到边、纵向到底。"一级管理、全员覆盖"模式，为绩效考核工作的顺利开展提供了坚

实的保障，全方位、全覆盖、多层级辐射到各环节，并将实施考核的部门和人员一并纳入考核体系，形成闭环管理。

（二）考核定位从幕后走到台前，发挥"传声筒"作用

建立绩效考核例会制度。年初审定年度业绩合同指标和考核目标，月初审定月度绩效考核结果，与工作例会、各专业线专项工作、阶段性工作融合，对绩效考核情况进行全面审议，提出风险预警和改进建议。

建立绩效考核通报制度。实时下达考核目标、发布考核政策、通报考核结果，切实做到考核制度公开，目标设定公平，考核过程透明，考核结果公正。

（三）考核政策从静态转向动态，发挥"风向标"作用

坚持业绩导向，突出关键指标。实行关键指标为主、其他指标为辅的考核方法，按照"特殊时期、特殊需要"的原则，对考核指标及权重适时调整。

坚持与时俱进，实行经营与管理捆绑考核。以管理降本增效为目标，适当加大管理类指标考核力度，根据经营需要及时调整月度考核重点，持续提高运营效率和精细管理水平，促进企业有质量、有效益、可持续发展。

建立考核目标会商机制。会同业务主管部门共同研究提出考核周期内考核指标、权重、计算办法的调整建议，充分发挥业务联动优势，加强绩效考核的导向性和针对性，确保公司能够实时根据上级公司政策调整当前经营策略，使公司经营管理重点与上级公司保持一致。

强化数据分析，探索精准考核。树立"精准"观念，以数据提质为抓手，推进数据决策、数据管控，做到未雨绸缪。

（四）考核责任从单挑转向协同，发挥"陀飞轮"作用

建立考核目标全面预算管理制度。按照年度经营发展目标，层层分解预算计划，将战略目标任务分解到部门、落实到岗位、量化到个人，通过基层单位报送计划、主管部门调整计划、规划部门平衡计划，做到全员参与、横纵沟通，实现全部业务的量化、细化。

完善360度考核评价方式。强化监督管理，凝聚全员智慧，破解矛盾问题。各个层级的管理控制类考核，均涵盖上级评价、同级评价、下级评价和自我评价，四位一体同时发力，有效形成跨专业、跨部门、矩阵式的监督评价体系。

优化绩效反馈与申诉制度。打破管理壁垒，畅通信息上通下达渠道，引导机关加强责任意识、提高管理水平。

第六章 基于双因素理论的薪酬管理

第一节 薪酬的基本内容

薪酬是组织对员工的贡献，包括员工的态度、行为和业绩等所作出的各种回报。企业在经营管理过程中，如何搞好企业利润在自我积累与员工分配之间的关系，如何客观、公正、公平、合理地报偿为企业做贡献的劳动者，如何吸引和留住关键人才，从而既有利于企业的发展，又能保证员工从薪酬上获得经济上和心理上的满足，就成为企业自身必须解决的问题。

一、薪酬的定义

薪酬一般是指员工因从事组织所需要的劳动或服务而从组织得到的以货币和非货币形式表现的补偿或回报。狭义的薪酬是指个人获得的工资、奖金等以货币或实物形式支付的劳动回报。广义的薪酬包括经济性薪酬和非经济性薪酬两个部分。其中，经济性薪酬指工资、奖金和福利等，也叫货币薪酬；非经济性薪酬指个人对企业及工作本身在心理上的一种感受，也叫非货币薪酬，包括机会职权的获取、职位晋升、荣誉认可、信息分享、培训学习等。

不同国家对薪酬概念的认识有所不同，社会、股东、管理者和员工等不同利益群体对薪酬的概念界定也往往存在较大的差异。但如果要从薪酬管理的角度给薪酬下定义，可以将薪酬界定为：员工作为雇用关系中的一方所得到的各种货币收入，以及各种具体的服务和福利之和。

还有人将薪酬定义为员工因完成工作而得到的内在和外在的奖励，并将薪酬划分为外在薪酬和内在薪酬，其中内在薪酬是员工由于完成工作而形成的心理形式，外在薪酬则包括货币奖励和非货币奖励。这一定义更多地将薪酬作为企业奖励员工，从而提高对员工的吸引、保留和激励效果的一种手段和工具。

二、薪酬的构成

（一）薪酬的构成要素

传统意义上的薪酬主要是指经济性薪酬，包括基础工资、奖金、津贴、股票计划和福利等。

1. 基础工资

是企业按照一定的时间周期，定期向员工发放的固定薪酬，这一时间周期可以是小时、天、周、月或者年。中国企业主要采用的是月薪制，针对高管人员则主要采用年薪制。基础工资又可以分为基本工资、岗位工资、学历工资和年功工资等。基本工资可以根据当地的法定最低工资标准确定，企业也可以根据支付能力自行确定；岗位工资反映了工作对企业的重要性，可根据职位评价确定；学历工资是企业对员工受教育水平和能力的一种认可，一般根据员工学历高低确定不同的级别；年功工资是企业对员工的历史贡献的一种认可，根据员工在企业工作的年限递增。

2. 奖金

是薪酬中的可变部分，是企业对员工的卓越行为或者超额工作给予的奖励。根据支付的周期，奖金可分为一次性奖励或者单项奖、月度奖、季度奖以及年终奖。根据支付的依据，奖金可分为计件奖金和销售提成奖金。

3. 津贴

往往是对员工工作中存在的不利因素的补偿，它与经济学理论中的补偿性工资差别相关。津贴不是普惠制的，只有在特定的环境下工作的员工才会获得相应的津贴。津贴的形式多种多样，比较常见的有夜班津贴、加班津贴、交通津贴、伙食津贴、出差津贴、通信津贴、住宿津贴、高温津贴等。

4. 股票计划

是企业对员工进行中长期激励的主要手段，包括员工持股计划（ESOP）、股票期权、限制性股票和管理层收购（MBO）等。股票计划通过与员工分享企业所创造的价值达到激励员工和保留员工的目的，同时将员工利益与企业利益相联系，以促使员工为实现企业战略目标而努力。

5. 福利

通常表现为各类保障计划、带薪休假、住房补贴、服务等，它是经济性薪酬中十分重要的组成部分，在现代企业的薪酬设计中占据着越来越重要的位置。在现代薪酬设计中，福利已经与传统的福利项目有很大不同，根据员工个人偏好而设计的自助餐式福利计划成为新兴的福利形式，并获得了广泛认可。

（二）总体薪酬

密歇根大学商学院的约翰·特鲁普曼于 20 世纪 90 年代率先提出了总体薪酬的概念，即自助式薪酬。他认为，旧的薪酬体制已经不能起到吸引、保留和激励现代员工的作用；总体薪酬方案不是仅仅包括薪水、福利和奖励，而是应该由 10 种不同类型的薪酬组成，即基本工资、附加工资、福利工资、工作用品补贴、额外津贴、晋升机会、发展机会、心理收入、生活质量（工作和生活平衡）和私人因素（员工个人的需求）。这 10 种不同类型的薪酬必须统一起来，组合成一个总体薪酬体系，以满足员工对货币和非货币薪酬的需求，它由一个独立的机构——总体薪酬部为每个员工特别设计；总体薪酬方案必须允许员工参与，满足员工个性化的需求，是一种自助式的薪酬体系。但直到美国薪酬管理协会接受了约翰·特鲁普曼的观点并大力推广，自助式薪酬计划才开始得到普及。

三、薪酬的分类

（一）经济性薪酬与非经济性薪酬

依据是否以货币的形式支付，薪酬可分为经济性薪酬和非经济性薪酬。其中，经济性薪酬又可分为直接经济薪酬与间接经济薪酬，直接经济薪酬是指个人获得的工资、薪水、佣金及奖金形式的全部薪酬；间接经济薪酬是指直接经济薪酬以外的其他各种经济回报，如保险、养老金等。非经济性薪酬是指个人对工作本身或者对工作在心理上的满足感。比如，与工作本身相关的工作兴趣、工作挑战性、工作责任感、工作成就、发展机会等，与工作环境相关的合理的政策、适度的管理、人际关系、社会地位、工作条件、工作时间等。

（二）外在薪酬和内在薪酬

依据作用的机制，薪酬可分为外在薪酬和内在薪酬。外在薪酬是企业对员工从事生产劳动和工作而支付的货币或非货币形式的薪酬，如工资、奖金、津贴、股票期权以及各种形式的福利待遇；内在薪酬是员工从企业生产劳动和工作过程本身获得的利益，如富有挑战性、具有趣味性、个人成长和发展机会、能够参与决策管理、弹性的工作时间等。

（三）物质薪酬和非物质薪酬

依据内容实体的属性，薪酬可分为物质薪酬和非物质薪酬。物质薪酬又可分为激励性物质薪酬和保健性物质薪酬。激励性物质薪酬主要包括工资、奖金、股利等报酬形式；保健性物质薪酬主要包括津贴、福利、保险等报酬形式。非物质薪酬又称精神薪酬，可分为发展因素和生活因素两方面，其中发展因素包括发展机会、培训学习、学习环境、公司荣誉等；生活因素包括工作条件、俱乐部、工作氛围、假期等。

四、薪酬的作用

（一）薪酬能够调和劳资关系，维护社会公平，推动社会和谐发展

作为员工为企业所提供劳动的交易价格，薪酬的合理支付是员工与企业在价值分配上的公平交易，有利于实现劳资关系的和谐。薪酬的公平支付有助于社会的稳定健康发展。此外，企业支付的薪酬与整个社会的福利之间存在密切关系，社会福利的水平和规模与社会的总体薪酬水平有关，社会总体薪酬水平的提高有利于社会福利整体水平的提高。

（二）薪酬能够推动和支持公司战略目标的实现，确立企业的竞争优势

作为连接员工与组织的重要纽带，薪酬能将员工个人目标与组织目标协同起来。如果一个企业的薪酬结构和绩效指标是基于清晰的发展战略确定的，那么薪酬可以充分激励和约束员工，使其有利于吸引、留住、激励企业所需的核心人才，开发员工的核心专长与技能，从而形成企业的核心竞争力，确立企业的竞争优势。

（三）薪酬能够满足员工需求，激发员工潜能，开发员工能力

从心理学视角看，薪酬可以满足员工的物质和心理需求，从而使员工个人的尊严和价值得到体现，调动员工创造财富和价值的积极性。差异化的薪酬可以激发不同层次、不同类别员工的内在潜力，满足员工个人成长和发展的需要，如管理人员成就需求的满足可以驱动其开发和发展领导力，技术人员专业技能与职业价值认可需求的满足可以驱动其不断提升专业技能，普通员工生活保障心理的满足则可以驱动其努力工作。

五、薪酬对员工参与度和敬业度的影响

薪酬是企业吸引人才、留住人才很重要的一个条件，能提高员工参与度和敬业度。

（一）员工参与和敬业度

1. 员工参与

员工参与包括一系列管理实践，它将决策权、商业信息、技术和社交技能以及绩效激励延伸到企业的最基层。因此，员工参与是组织体系的属性，而非仅限于员工个人，上述的每一个管理实践都是员工参与的内在组成部分。没有决策权，员工参与将是虚幻无力的；没有足够的商业信息，员工参与则是缺乏判断力的，甚至会带来负面影响；没有相关技能，员工也无法得到有效参与所必需的技术与社交知识；没有绩效奖励，员工的动力和企业的目标则无法达成一致。

员工参与有三种类型。第一种类型是建议参与，顾名思义就是给出建议的权力，而

不是作出决策的权力。通常情况下，由企业内的某些特定群体，如与正式部门相呼应的参与小组或质量圈，参与、分析实际的问题，并通过这些正式的部门来最终决策并实施这些变革。这是员工参与计划中最有限的也是最常见的参与形式。管理层无须对企业架构作出重大改变即可轻松实施。第二种类型是工作参与。工作参与指的是对于工作内容和流程进行改变，使雇员对与其工作相关的日常决策有更多的控制权。最后一种类型是高度参与。高度参与包含了前述两种类型，但走得更深入，它将员工融入企业管理中。在这种类型下，企业会使用一系列广泛的管理措施，包括创新共享、信息共享、技能培养、奖励以及其他人力资源实践。最突出的例子是宝洁先行发起的员工高度参与的生产制造工厂。宝洁、通用磨坊和其他使用这一方法的公司认为，员工高度参与型的工厂可以在质量上做到更精，而且可比传统工厂提升 25%⁻35% 的生产率。

2. 员工敬业度

员工敬业度是反映员工对企业投入的智慧、感情和承诺的程度。国际上著名的人力资源管理咨询公司怡安翰威特将敬业员工的行为分成了三个层面：第一层是乐于宣传，就是员工经常会对同事、可能加入企业的人、客户与潜在客户，说企业的好话；第二层是乐意留下，就是员工有留在企业内的强烈欲望；第三层是全力付出，这是敬业的最高境界，就是员工不但全身心投入工作，并且愿意付出额外的努力促使企业成功。简而言之，员工的敬业度指的是员工在情感和知识方面对企业的一种承诺和投入。

员工敬业度关系到企业未来的发展。员工敬业度是一种发自内心的，心甘情愿的，积极主动的表现，而企业最重要的责任之一就是为敬业员工提供丰富的土壤，实现企业与员工个人的共赢，在实践中，员工越是敬业，就越是会积极地传达企业价值、维护企业的利益以及发挥创造，从而实现客户导向、创新导向和管理系统的自我成长，这些都会直指增长绩效的靶心，而员工敬业度研究则是一个能够对文化、管理、人力这些资源进行评价的一个重要工具。

3. 员工参与和员工敬业的关系

员工对工作的高参与度会产生高敬业度，进而产生三种类型的效果：主人翁行为增加、工作绩效提升、消极行为（如旷工和缺勤）减少。

（二）薪酬对员工参与度和敬业度的重要性

任何人在工作中的业绩表现都可以归因于两样东西：一是能力，二是愿望。要想把工作做得出色，这两条缺一不可。愿望的背后，有一个核心概念，在管理学上叫动机。美国著名社会心理学家马斯洛关于人的五个层次需求 [生理（食物和衣服），安全（工作保障），社交需要（友谊），尊重和自我实现]，每个需求都可以成为人们的工作动机。也就是说，当一种需求成为人采取某种行为的决定因素的时候，这种需求，就是动机。

所以人力资源管理，其实是要善于透过行为的表象，试着找出员工采取相应行为的动机。

1. 员工工作的动机

员工工作的动机是多元化的，允许员工有不同的工作动机，客观上并不会危害企业的发展，不会影响企业的利益，也不会不利于团队的建设，员工工作的动机大体可概括为以下三种。

第一是为了生存。这是很现实的动机。我到你的企业工作，就是获得物质资源，为了生存，为了养家，为了能够更好地享受人生。在这个时代，物质是最好的驱动器，现实就是如此，企业本身就是逐利的，员工也是逐利的。

第二种动机是消遣。人生实在太无聊了，漫长的时间怎么打发呢？就消遣在工作上吧。靠工作来消遣时间，就为活着不太无聊、活得充实些而工作。

第三种动机为体现自己的价值，这是企业最喜欢的，这是一群事业型的员工，他们野心勃勃，总想出人头地，想要获得权力，想要获得成功。他们对工作非常投入，因为他们需要借助企业来展示自己的才能，获得成功，所以他们会很迎合老板的指示。这群员工认为人生的意义就是建功立业，事业就是人生的根本，人可以没有一切，但绝不能没有事业，有了事业才有一切。

对员工动机的研究表明，设计良好的薪酬体系对激励员工参与、提升员工敬业度和企业绩效是至关重要的。薪酬体系明确了企业所重视的行为和表现，并通过具体的薪酬和福利对其进行了激励和加强。没有良好的薪酬体系，员工敬业和参与将缺乏重心，而且可能无法促进绩效的提升。

2. 薪酬对参与度、敬业度产生的影响

第一，基本薪酬的影响。为提高员工敬业度和绩效表现，最重要的基本薪酬创新是基于能力的薪酬。基于能力的薪酬体系可以采用多种形式，包括奖金，但是最常见的形式是基于能够回报的技能、知识和胜任力的基本薪酬体系。技能是在完成任务时获得的并可以直观了解的工作技能，知识是获得的应用于工作中的信息，而胜任力是泛指的技术和工作特质。

基于能力的薪酬体系不仅提高了员工的敬业度，也提升了整个企业的绩效。基于能力的薪酬能够在多个方面提高员工敬业度。首先，员工倾向于接受多学多得的逻辑，而且他们基本上能够因为多学技能而多拿到 10%¯15% 的工资。其次，交叉领域的技能帮助员工对他们的工作如何成为整个系统的一部分有了更深的认识，从而将他们的关注点更多地从自身的工作向整体的企业转移。最后，基于能力的薪酬，促进了员工的其他参与行为，包括资源共享、培训以及工作信息的沟通与交流。正是因为这个原因，基于能力的薪酬体系早就被认为是高参与制造业工厂设计中的一个标准组成部分。基于技能的薪酬体系将倾向于产生精练、高效以及高收入的劳动力，将提升生产效率，减少工作人员数量，并产生可以抵消更高成本的营业额。

在设计和管理基于能力的薪酬中还有很多潜在的难题。薪酬体系设计不合理，不仅不能产生补偿效益，反而会增加成本。某些类型的员工（那些即将退休的老员工或者个人提升愿望不强的员工）也许会拒绝这种薪酬体系。

第二，短期激励的影响。短期激励至少每年实施一次，通常是现金奖励。绩效奖金的使用在过去出现了明显的增加，特别是对普通员工。企业利润分享能提高员工敬业度，降低人员流失，并有可能通过提高薪酬和给员工与企业效益关联的股权的方式提高员工的主人翁行为。类似计划的另外的好处是，可以根据企业的实际支付能力调整薪酬水平。然而，在任何规模的企业内，员工都缺乏对企业盈利能力的判断能力，因而这些计划也许对企业效益的影响几乎为零。收入分享和目标分享计划注重于生产率、质量、成本和客户服务等指标，其能够提供更好的判断力，这些工作单元都不太大，也便于员工理解和影响。

短期激励的另外一个问题是，越来越多的企业使用员工敬业度作为管理层奖金的评判标准之一。这样的激励设计对未来调查的有效性和价值是一个严重的威胁。管理人员可以鼓励、哄骗甚至威胁员工给出高分，而不需要员工真实地去提升敬业度。

第三，长期激励的影响。长期激励包括股票和期权，限制性股票以及非上市组织等同的虚拟股票，这些激励是基于企业的绩效而发放的。因此，长期激励成为高级管理人员薪酬的重要组成部分。股票期权受到员工的高度重视，为所有员工提供适度的股票期权就能提高员工的敬业度，也进而能影响员工的主人翁行为和消极行为。

第四，福利的影响。福利是薪酬体系中很大的一部分，最昂贵的福利是医疗保险、带薪假期（休假和假日）和退休。通常情况下，所有或大部分的员工能够享受福利制度是因为他们的雇用关系，而不是他们的绩效表现。因此，福利在吸引和保留员工方面起了很大作用，但是很少可以将福利和企业业绩联系在一起。"工作或生活福利"几乎没有什么动机上的价值，一般都是在工作和非工作生活之间创造一个平衡，但是可以减少员工的消极行为。

第二节　双因素理论在薪酬管理中的应用

一、激励与保健因素理论——双因素理论概述

20 世纪 50 年代末期，心理学家赫兹伯格在对匹兹堡地区的 200 名工程人员和会计

师进行了调查研究之后，提出了激励—保健理论，即双因素理论。他发现使员工感到不满意的因素与使员工感到满意的因素是不同的，前者往往是由外界工作环境引起的，后者是由工作本身产生的。

员工非常不满意的因素多数来自于工作环境或工作关系方面，主要是由于企业政策、行政管理、工资发放、劳动保护、工作监督与主管的交往关系、工作关系、与下级的关系以及安全等方面的因素处理不当。如果上述条件达不到员工可接受的最低标准时，就会引发员工的抵触情绪。这些因素改善了，只能消除员工的不满，还不足以使员工变得非常满意，也不能激发其积极性，促进生产率的增长。赫兹伯格把这些没有激励作用的外部因素称为"保健因素"。由于它们只带有预防性，只起维持工作现状的作用，也被称为"维持因素"。

此外，能够使员工感到非常满意的因素，基本上是在工作内容和工作本身方面，如工作富有成就感，工作表现机会，工作本身的乐趣，工作成绩能得到社会承认，工作本身具有挑战性，职务上的责任感，在职业上能得到发展成长，对未来发展的期望等。这些因素的改善，能激发员工的热情和积极性，从而会经常提高一个人的生产率。

传统理论认为，满意的对立面是不满意，而据双因素理论，满意的对立面是没有满意，不满意的对立面是没有不满意，没有满意与没有不满意是激励的零状态。因此，影响员工工作积极性的因素可分为两类：保健因素和激励因素，这两种因素是彼此独立的，并且以不同的方式影响人们的工作行为。

通过赫兹伯格的双因素理论可以得出以下结论，管理者首先要关注满足员工的"保健因素"，防止员工怠工，使员工不致产生不满情绪；其次还要注意利用"激励因素"，尽量使员工得到被满足的机会。

二、双因素理论在薪酬管理中的应用

双因素理论促使企业管理人员注意薪酬内容因素的重要性，特别是它们同工作丰富化和工作满足的关系，因而有着积极的意义。赫茨伯格告诉我们，满足各种需要所引起的激励深度和效果是不一样的，双因素理论指导了诸多管理人的管理实践，随着时代的进步与生产技术的发展，双因素理论越发显示出应用性价值。

（一）基于双因素理论的薪酬项目划分

在赫兹伯格的双因素理论中，薪酬项目按双因素理论划分成保健因素和激励因素。保健因素对应于马斯洛需求层次理论中的生理需要、安全需要和情感需要较低层次的需要，激励因素则对应于马斯洛需求层次理论中更高层次的受人尊敬的需要、自我实现的需要较高级需要，如表 6-1 所示。

表 6-1 薪酬项目的"双因素"划分

双因素结构	薪酬项目	员工需求类别	效用分析
保健因素	基本工资 住房补贴 技能津贴 物品福利 伙食补贴 交通补贴 加班工资	生存需求	直接的经济补贴和福利，维持自身生存的最基本要求，满足基本生活的保障
	子女教育福利 退休养老福利 医疗保健福利 员工持股计划 五险一金	安全需求	员工未来生活的保障
	员工心理关怀 文化活动 节假日福利 带薪休假 免费旅游	社会需求	对应员工情感、心理层面的需求，让员工获得友爱和归属的感觉，感受到相互关心和照顾
激励因素	企业管理水平 上级领导风格 企业在业界的声望 团队工作氛围 工作环境 员工认可	自尊需求	让员工感受到有地位、有威信，受到别人的尊重、信赖和高度评价，体验到自己活着的用处和价值，让员工在工作中感到较强的自尊和满足
	工作带来的成就感 个人成长机会 工作的挑战性 领导力培训 工作趣味	自我实现需求	员工实现个人理想、抱负的机会，满足员工自我发展的需要，努力实现自己的潜力，使自己成为自己所期望的人

在薪酬管理的双因素结构中，保健因素是指那些可能会让员工感到不满的因素，这类因素大部分与工作环境和工作条件相关，如工作福利、政策、安全性等，就保健因素来说，"不满意"的对立面就是"没有不满意"。属于保健因素中的子女教育福利、退休及养老计划、五险一金、文化活动等薪酬项目均为满足员工外在、较低层次的需要的项目，是为了能够提高员工的身心健康、生活品质，给员工未来起到保障作用的保险类、津贴类、计划类的薪酬项目，更多起到保健和维持作用，是对员工需求的间接满足，对员工来说是"没有也行，有了更好"的一种外在激励让员工能够有一个更为舒适、满足的工作和生活状态，从而提高他们对企业的满意度和忠诚度。

激励因素是那些能让员工感到满意的因素，大部分跟工作本身的性质相关，如工作成就感、个人成长与发展机会等。就激励因素来说，"满意"的对立面就是"没有满意"。激励性薪酬更多是对员工较高层次需要的满足，包括工作前途、个人未来发展等，也包括对他们工作成绩进行肯定的奖金和绩效工资等较大额的经济收入，这些直接决定了他们对自己的工作和所在的企业满意与否。如果能在这些项目上有更多获得，可以让他们对企业更加满意与忠诚，也激励他们更努力地去工作以获取更多的回报。

所以保健性薪酬对员工来说更多是非必要的、不紧急的，并没有起到和激励性薪酬同样的激励效果。相对于保健性薪酬而言，员工还是更加追求激励性薪酬的增加。因为激励因素包含了奖金、绩效工资这些非常重要的经济性薪酬项目，是较高层次的需求，对员工的生存和发展来说都是非常重要的。

（二）双因素理论对薪酬管理的启示

赫茨伯格的理论对薪酬管理具有重大的指导意义，具体表现为下面几点：

1. 全面理解员工薪酬价值感知

薪酬对员工来说，不仅是补偿劳动的付出，更是对员工价值与贡献的肯定，所以对薪酬的激励性的作用必须加以重视。薪酬感知并不是一个单一系统。员工对薪酬的感知，不仅仅局限于企业发放的工资、奖金和补贴等直接经济性薪酬，同时员工从企业提供的舒适的工作环境、工作本身的挑战性等非经济性薪酬中也获得心理满足。因此，"薪酬"的含义不仅包括传统意义上狭义的经济性薪酬，还应纳入非经济性薪酬，因为非经济性薪酬跟经济性薪酬一样能给员工带来具有价值的心理效用。非经济性薪酬中包含很多属于内在的、满足员工心理需求的薪酬项目，这些项目与工作本身和工作情景相关，在人们进行薪酬价值感知时，起着较大的影响作用。

2. 建立多元化的薪酬管理制度

员工对所获薪酬的感知，并非是将所有薪酬收入简单相加，而是通过不同薪酬项目相互作用来感知薪酬价值的，且薪酬的保健因素和激励因素不可互相替代。因此，企业应该建立多元化薪酬管理制度，在做好工资、奖金和福利管理的同时，注重员工工作和工作情景相关因素的管理。当前企业的薪酬管理是由专门的薪酬职能管理部门进行，在管理实践中更多注重的是薪金管理，即薪酬管理是针对经济性薪酬而进行预算、支付和调整的一个过程。对涉及影响员工心理的薪酬管理是长期忽略的。经济性薪酬相对容易量化，便于管理的实际操作和评估，而非经济性薪酬则很难有统一的量化标准，这是薪酬管理的一大难题。由于总体薪酬涉及的项目广泛，且涉及整个企业系统，因而企业在薪酬管理中，需要细化薪酬管理部门的职能。常规经济性薪酬由人力资源与财务部门进行核算，而非经济性薪酬的管理应该是一个系统性的过程，需要多个职能部门的配合，且扩展到整个企业的管理体制和职能机构之中。

3. 合理界定各部门的激励因素和保健因素的比例

在薪酬结构中，基本工资应该属于保健因素，它是薪酬体系的基础部分，应该对它进行科学的设计，以保障员工基本的生活与工作需要，基本工资应该是比较稳定的，原则上只升不降，不能随意变动，否则会导致员工的不满意，影响其工作积极性。奖金、绩效工资属于激励因素，要在考核的基础上加大其比例，以真正激发员工的工作满意感，提高工作业绩。

在实际工作中，85% 以上的人接受"60% 左右为保健因素、40% 左右为激励因素"

的薪酬结构。同时，对不同年龄和资历的员工，薪酬结构呈规律性分布：年龄越高的群组，对保健因素的比例要求越大，但到达 80% 的比例后就出现边际递减；而年龄偏低的群体中，对激励因素的需求大于保健因素，但激励因素比例超过 60% 时出现边际递减。

在薪酬体系设计中，要根据不同岗位来设计体现保健作用的基本工资，体现激励作用的资金的比例。一般来说，营销、项目和业务等部门，薪酬中 40% 左右为"保健工资"，60% 左右为"激励工资"；采购管理、人力资源、客户服务等部门这一比例结构为 60% 和 40%；行政、财务等部门这一比例为 70% 和 30%；而凡是后勤、支持的部门这一比例可以为 80% 和 20%。但激励因素一旦小于 20%，效果就不佳。

4. 通过增加员工激励因素项目来提高员工的满意度

在保证基本工资的基础上，优化工资结构，实施更合理、更具激励性的奖金与绩效工资制度；努力提高管理水平，提高领导的领导力水平，营造更好的团队工作氛围，让员工对工作环境更加满意；给予员工更多的锻炼、成长机会，完善企业的晋升体系，让员工有更多样化、更全面的成长与发展机会；改善工作环境，让员工更加乐业、敬业；让员工在工作中获得更高的成就感，这可以通过即时给予员工应有的物质与精神奖励，让员工充分感受到来自企业、上级与周围人的肯定来实现，且应该以精神上的肯定与鼓励为主；同时企业在业界的声望也很重要，要让员工更加努力、积极地为企业工作，企业应当努力提升自己的声望和地位，提高社会责任感，让员工更有归属感、自豪感和幸福感。

5. 巧妙转化"激励因素"和"保健因素"

既然分解了薪酬结构，要达到理想效果就不能墨守成规，应进行合理的结构管理，巧妙对"双因"进行转化，将部分工资变成既是"保健"又是"激励"的交叉部分。比如，公司增加福利时，不妨也将福利转化成激励的形式，特别是固定工资比例高，由于历史原因不能很快调整薪酬结构的公司。这时，就要用广义的概念定义薪酬，培训、带薪假期奖励、旅游奖励等，其实也是货币工资的一种转化形式。而激励因素也可以转化成福利，如将员工年终奖金的一部分拿出来，雇用司机专车接送员工子女上学，这也会得到员工的高度认可。

6. 慎重使用刚性政策

在"转化双因"的结构管理中，对保健因素转化成激励因素的政策，须慎重使用。我们在实践中发现，激励因素一旦转化成保健因素，要再逆转，就会引发员工强烈的抵触情绪，这就表现出固定工资和保健因素的刚性。因此，在薪酬设计的开始阶段，特别是企业创业阶段，就要系统地考虑到未来，要多用弹性政策，而刚性政策只能随公司整体盈利能力的持续提高以及个人工作年限的增加有计划地提高。众多企业都没有注意这一点，特别是在企业高速发展期，福利性工资增长过快，没有进行长远和系统的薪酬战略规划，当步入稳定期后，就会发现工资成本高，而且固定部分太高，员工都没有动力去拿小部分的激励，此外新老员工的福利差距大，引发人力资源结构调整的矛盾。

7. 在员工需求与薪资成本中实现动态平衡

企业在付出薪酬时，需要考虑员工注重的是什么，企业能更多给予的又是什么。在同样的薪资成本下，将薪酬发放的重点放在员工的心理期望上。在经费不足、激励金额有限的情况下，可以通过对保健因素项目的满足来激励员工，如提供心理关怀、营造企业良好的文化氛围、企业团建活动等。

第三节　薪酬管理体系

薪酬管理，是指在组织发展战略指导下，对员工薪酬支付原则、薪酬策略、薪酬水平、薪酬结构、薪酬构成进行确定、分配和调整的动态管理过程。它是人力资源管理的重要组成部分，是企业达到吸引、保留、激励人才的重要手段。

一、基本原则

薪酬管理体系建设过程中涉及效率原则、公平原则和合法原则。

（一）效率原则

1. 支持战略

首先，承担不同职能和任务目标的员工的薪酬水平是否支持公司的战略目标；其次，该计划还应该与人力资源战略和目标正确配合；最后，在原来工资的基础上，目标工资的增幅多大才有意义。

2. 促进员工的行为与组织目标相符

组织内部薪酬结构影响员工的行为，要设计一种能使员工的努力与组织的目标相一致的薪酬结构，应该把每个职位与组织目标之间的关系阐述清楚。员工越是清楚地了解他们的工作与组织目标之间的关系，薪酬结构越是能使员工的行为与组织目标相一致。

3. 绩效工资

设计绩效工资制度的关键在于绩效标准。在具体操作中，需要考虑以下问题：①绩效目标，这些目标是否具体而且灵活，员工们能够感觉到他们的行为与公司目标完成的关系；②衡量尺度，员工们是否了解使用什么衡量指标（个人评估、团队评估、企业财务评估等）来评估他们的绩效，是否可以领取绩效工资；③适用性，计划应该覆盖多少人员；④工资计发，根据员工绩效评价结果，员工能清楚知道可以领取多少绩效工资。

（二）公平原则

公平是薪酬制度的基础。"公平地对待所有员工""按劳分配""同工同酬"，这些表述反映了人们对公平的关注。它强调在设计薪酬制度时，应确保薪酬体系对所有的员工都公平。对员工来说，有下述两种类型的公平：

1. 分配的结果公平

分配的公平感来源于两个方面的分配关系：一是企业和员工之间的分配关系，即劳动和资本的关系。这一关系表现为员工实际获得的报酬数量与按相关标准进行衡量的产出之间的关系，如人工费比率、劳动分配率等，在销售额、增加值一定的情况下，人工费比率或劳动分配率决定了增加值中的资本要素报酬总额和劳动要素报酬总额。二是员工之间的分配关系，即在劳动要素报酬总额一定的条件下，劳动要素报酬总额在劳动者之间的分配。

2. 决定分配结果的程序公平

分配结果的公平在很大程度上是由分配决策程序的公平决定的。可以认为，没有分配决策过程的公平，就没有分配结果的公平。实践证明，这种公平对员工的满意度影响更大，通常使用公平分配和公平程序决定报酬的组织，被认为更可信赖，并将产生更高的组织承诺水平。

员工对过程公平的认可程度将对他们是否接受结果产生重大的影响，如果员工和企业认为确定薪酬结果的方式是公平的，他们就愿意接受低工资。要做到薪酬过程公平，应遵循以下四点：①薪酬结构要适用于全体员工；②允许员工并鼓励员工代表参与薪酬制定过程；③员工要有对薪酬不满的申诉程序；④使用的数据要准确。

拥有公平感的一个关键的因素是沟通。员工们想提前知道组织对他们的期望是什么，他们也需要组织给他们提供一个达到这些期望的机会。同时，如果绩效被判定为与企业标准有差距的话，他们需要一个求助机制。在有工会的条件下，工会被认为是一种申诉机制的体现。

（三）合法原则

"合法"作为薪酬决策的原则之一，包括遵守各种全国性的和地方性的法律法规，这是维持和提高企业信誉的关键，也是吸引优秀人才的关键。为了维护良好的信誉，确保绩效工资制度与薪酬法律相吻合是必要的。

二、薪酬目标

企业在执行薪酬决策之前，必须确定要完成的目标。所有薪酬体系的最终目标都是影响作为劳动者的个人，使个人的决策符合企业的需要。

（一）吸引员工

激励人们加入企业是薪酬体系的一个重要目标。每个企业在生产产品或提供服务的过程中都离不开人的作用。企业必须通过激励合适的人进入企业以形成自己的人力资源。经济报酬之外的因素显著地影响着人们加入特定企业的意愿。尽管如此，薪酬仍是企业影响个人就业决策的重要方面。企业必须作出的最重要的决策可能就是那些与工资水平有关的决策了。所谓工资水平指的是企业付给所有工人的平均工资，或某一特定职位和职务的平均工资。在其他因素相同的情况下，如果一个企业比另一个企业的工资高，那么它就能吸引更多的、更有能力的雇员加入。

（二）留住员工

如果企业无法留住员工，激励他们加入企业便毫无意义。正如激励人们加入企业一样，挽留员工也受到一系列复杂变量的影响。工作本身的内在报酬在一定程度上影响员工的去留，上级的态度和领导风格也可能影响员工的去留。尽管存在这些影响因素，企业仍必须作出影响员工去留的薪酬决策。

（三）激励员工

激励绩效是薪酬体系的一个主要目标。在薪酬管理者确定激励绩效的薪酬计划之前，首先需要解决以下问题：了解哪些因素可以激励人们，懂得怎样实施激励，构思出薪酬体系的组成部分并将理念付诸实施，把薪酬与企业目标联系起来。

三、薪酬政策

薪酬政策为薪酬体系之本，体现了企业薪酬体系的价值观，并直接影响和决定着员工的行为。

（一）内部一致性

内部一致性，通常称作内部公平，是指薪酬结构（即薪酬差别，下同）与组织设计和工作之间的关系。它强调薪酬结构设计的规范性和统一性，即要对所有员工公平，按照统一的尺度来衡量每一位员工的岗位在组织中的相对价值，而不管他们的身份如何，要有利于使员工行为与组织目标相符。

内部一致性决定着企业内部的薪酬结构。薪酬结构，是指在同一组织内不同职位或不同技能薪酬水平的排序形式。它强调薪酬等级的多少、不同等级薪酬之间级差的大小以及决定薪酬级差的标准。内部一致性通过对企业内各个岗位进行岗位分析，编制岗位说明书，依据一定的标准同时考虑组织的战略意图、文化、风俗习惯、经济环境、员工的特征和工作性质等要素对各个岗位进行评价，以确定企业内合理的薪酬结构。薪酬结构主要包括以下三个要素。

1. 薪酬等级

薪酬等级是薪酬结构的特点之一，反映等级的数目和各等级之间的关系。有些企业分层较多，但有些企业分层较少。

2. 薪酬级差

薪酬级差即不同等级之间的薪酬差异。薪酬结构十分倾向于支付高薪酬给资格要求高、工作条件差、教育投入高的职位。在薪酬管理中，各类薪酬级差包括职业生涯中不同阶段的薪酬差异、上下级之间的薪酬差异、工会会员和非工会会员之间的薪酬差异、管理人员与一般员工的薪酬差异等。

3. 薪酬结构确定的标准

确定薪酬结构等级和差异大小的标准可归纳为以岗定酬和以人定酬，以及以岗定酬和以人定酬相结合。以岗定酬依据的是工作内容，即以完成了的工作任务、组织所期望的行为、期望的结果来确定薪酬的高低。以人定酬关注的是人，即员工拥有的技能或知识，或者是组织认为员工具备了的能力。

影响组织内部薪酬结构的因素包括：①组织外部因素，包括文化与风俗习惯，市场竞争压力，政府政策、法律和法规；②组织内部因素，包括组织战略、岗位设计、人力资源政策；③内部劳动力市场，即把内部因素与外部因素统一起来，较高职位的薪酬往往受组织内部因素的影响，而较低职位的薪酬往往受外部因素的影响；④员工的接受程度，这是决定企业薪酬结构的关键因素，也是验证薪酬结构公平与否的关键。

内部一致性既是影响薪酬水平的决定性因素，又影响着其他三个薪酬决策目标：其一，决定着员工的去留；其二，决定着他们是否愿意额外地进行培训投资以使自己更具有适应性；其三，决定着他们是否会承担更大的责任。

（二）外部竞争力

外部竞争力，是指雇主如何参照市场竞争对手的薪酬水平给自己的薪酬水平定位。它强调的是薪酬支付与外部组织薪酬之间的关系。外部竞争力具有市场相对性。尽管决定与竞争对手相对的薪酬水平是一个基本决策，但竞争也包括选择多种薪酬形式，如红利、持股、灵活的福利、职业机会、具有挑战性的工作等。

在实际运作中，薪酬的竞争力是通过选择高于、低于或与竞争对手相同的薪酬水平来实现的。在组织内部，不同职位平均薪酬的排列就是该组织的薪酬水平。视外部竞争情况而定的薪酬水平决策对薪酬目标具有双重影响。

1. 确保薪酬足够吸纳和维系员工

这是对员工态度和行为的影响。一旦员工发现他们的薪酬低于企业内其他同行，他们就很有可能离开。这就是在劳动力市场上为什么对某种工作没有"通行薪酬水平"或"通行市场工资"的原因。

2. 控制劳动力成本以使本企业的产品或服务价格具有竞争力

这是对企业运作成本的影响。在其他条件相同的情况下，薪酬水平越高，劳动力成本越高。由此可见，外部竞争直接影响着企业的效率和内部公平。

影响外部竞争力的因素可归纳为三个方面：其一，在劳动力市场上寻求有技能和有能力的员工的压力；其二，产品市场或服务市场的竞争对企业财务状况的影响；其三，对组织或劳动力特殊的需要。这些因素共同影响着薪酬水平的决策。

（三）员工贡献

员工贡献是指企业对员工业绩的重视。对绩效和（或）工龄的重视程度是一项重要的薪酬决策，因为它直接影响着员工的工作态度和工作行为。清楚地制定了绩效工资政策的企业，在制定薪酬制度时会更为注重绩效工资和激励工资。

（四）薪酬管理

薪酬管理是薪酬政策最后的一块基石。企业必须设计一整套包括内部一致性、外部竞争力、员工贡献在内的薪酬制度，但如果管理不善，则不可能达到预定目标。管理者必须把各种形式的薪酬（如基本工资、短期和长期激励工资）规划在该制度之内，做好与员工的沟通，还要对该制度能否达到目标作出准确判断。

四、薪酬策略

薪酬策略是权变的，会因企业的战略、发展阶段、文化背景不同而各异。不同的企业因战略不同、所处的发展阶段不同、企业文化不同，而在进行薪酬设计时关注的重点有所差异，故所采取的薪酬策略会有所不同，甚至同一企业在不同发展阶段所采取的薪酬策略也有可能不尽相同，如表 6-2 所示。

表 6-2 企业在不同发展阶段的薪酬策略

薪酬策略	发展阶段		
	起步阶段	平稳发展阶段	下降阶段
基本薪酬	比例不高	稳定	增长缓慢
奖金	更多弹性	少	有所提高
福利	水平不高	越来越多	停滞

（一）薪酬水平策略

薪酬水平策略是指企业要确定支付多高水平的薪酬，通常可以将企业支付的薪酬与同一职位、同一等级的外部市场薪酬水平进行比较，从而确定企业要选择的薪酬水平。薪酬的支付水平定位有三种策略，如表 6-3 所示。

表 6-3 薪酬支付水平定位的策略

领先型策略	一种基于一流人才的战略，采取领先型薪酬策略的企业为员工提供高于市场平均水平的薪酬来吸引市场上最优秀的人才加盟本企业，以实现企业的战略目标
跟随型策略	一种基于竞争对手的战略，采取跟随型薪酬策略的企业在决定企业的薪酬支付水平时不是基于企业的内部因素，而是根据市场平均工资水平的变化而变化，持续保持本企业支付给员工的薪酬水平与市场平均薪酬水平相一致
滞后型策略	一种基于成本的战略，采取滞后型薪酬策略的企业一般是追求成本领先的企业，其员工的市场可替代性较强，企业支付给员工的工资略低于市场平均薪酬水平

（二）薪酬结构策略

1. 薪酬的等级结构

薪酬的等级结构是指在同一组织内部不同职位或不同技能员工薪酬水平的排列形式。它强调薪酬水平的等级、不同等级水平之间的级差以及决定薪酬的标准。薪酬等级结构的设计存在两种方式：等级化或者扁平化。等级化薪酬结构往往等级较多，级差较小；扁平化薪酬结构往往等级较少，级差较大。薪酬结构通常要求对每个等级所做的工作给出细致的描述，明确每个人的薪酬结构，承认员工之间技能、责任和对组织贡献的差异，认为频繁的职位升迁能发挥对员工的激励作用。

扁平化薪酬结构界定的每个等级的任务职责范围比较宽泛，从而使员工拥有更大的决定权。这种薪酬结构认为对所有的员工都应平等对待，越平等就越能提高员工的工作绩效，促使企业内部建立工作团队，提高员工绩效。

2. 薪酬的内容结构

薪酬的内容结构是指员工薪酬包含哪些薪酬要素，以及不同的构成要素在总体薪酬中的比例。它强调通过调整固定薪酬与浮动薪酬、当期薪酬与长期薪酬的比例来激励员工。

合理控制固定薪酬和浮动薪酬的比例，是通过货币薪酬激励员工的主要手段。这需要根据不同员工的工作性质，实行分层分类的薪酬激励。比如，对销售人员实行高提成以激励其创造更大的业绩，对行政人员和研发人员则要实行高固定工资以确保其稳定性；员工岗位级别越高浮动薪酬的比例越大，企业业绩浮动越大其薪酬浮动也越大，这主要是因为员工对企业的业绩承担的责任越大，其薪酬的获得越应该与企业的业绩挂钩。

此外，薪酬又有短期和中长期之分。企业应该建立高管人员和核心人才的中长期激励机制，从而更好地吸引、激励和保留高管及核心人才，并促使高管人员从更长远的角度审视工作促进公司的可持续发展。

（三）薪酬组合策略

薪酬组合策略依据分层分类管理的思想，对员工所处层次（高层管理者、中层主管及基层员工等）、员工在组织结构中的职能模块进行组合，针对每一组合确定不同的薪酬策略。比如，企业中对高层管理者支付行业最优水平的薪酬，并且以长期激励为主；而对基层员工来讲，其所在职能模块不同，薪酬策略就有所不同。

（四）薪酬管理策略

薪酬不仅是连接组织与员工的十分重要的纽带和桥梁，而且是一把双刃剑：用得好则可以激励员工努力工作，提升工作绩效；用得不好则会削弱员工的动力，造成员工的不满。这把双刃剑用得如何，既取决于薪酬体系设计是否科学合理，也取决于企业是否对薪酬进行了科学有效的管理。薪酬的管理策略包括以下九个方面：

1. 薪酬治理与管控模式

依据企业的战略建立与企业战略相一致的薪酬管理体制与管控模式，在薪酬策略支持企业战略目标的同时实现对企业工资总额和人工成本的有效控制。

2. 薪酬重心的倾斜与内部差距

在制定企业的薪酬管理策略时，需要依据企业战略和公司价值创造体系确定企业的薪酬重心应如何向那些创造最大价值的员工倾斜，确定员工因能力不同和对组织战略实现的价值贡献不同，所获得的薪酬的差距应该为多大，通过薪酬实现对企业核心人才的激励，吸引和保留企业所需的核心人才。

3. 薪酬决定的模式

薪酬的支付依据有四种，即职位、能力、绩效和市场，并据此形成四种薪酬模式：基于职位价值的薪酬体系、基于能力的薪酬体系、基于绩效的薪酬体系和基于市场的薪酬体系。企业的战略不同，所选择的薪酬模式就会有所差别。

4. 薪酬结构的优化与调整

企业薪酬结构的确定基于公司当前战略和所面临的内外部环境。随着企业的发展，企业的战略和面临的内外部环境都有可能发生变化，之前确定的薪酬结构可能难以满足企业的需要，这时就要对薪酬结构进行优化与调整。比如，调整薪酬的内容结构及比例（如基本薪酬、绩效薪酬、福利的结构及比例）、当期收入与预期收入的结构及比例（如短期奖励与长期奖励的结构及比例），以及固定收入与非固定收入的结构等。

5. 薪酬等级管理

前面介绍了薪酬结构设计可选择等级较多、级差较小的等级化薪酬结构或等级较少、级差较大的扁平化薪酬结构。两种薪酬结构的理论依据不同，管理策略也不同。企业选择了所要采用的薪酬等级策略之后，就要实施相应的薪酬等级管理策略。

6. 团队与个体薪酬管理

在现代企业中，大部分工作不是由员工个人独立完成的，而是需要团队成员相互协作，因而工作绩效既取决于员工个人的努力，又取决于团队成员之间的合作。在这种情况下，员工的薪酬就由两大部分组成：个体薪酬和团队薪酬。因需要对基于团队的薪酬进行管理，处理好个体薪酬与团队薪酬之间的关系，所以既要发挥对个体员工的激励作用，又要避免团队成员"搭便车"现象的发生。

7. 薪酬的支付方式管理

薪酬的支付方式是指对如何向员工支付薪酬的策略选择，短期薪酬还是长期薪酬、重视奖励现在还是奖励未来。处于不同发展阶段的企业可能会有所不同，如处于成长期的企业可能会支付较低的短期工资和一定比例的长期薪酬（如股票期权），处于成熟期的企业则主要是用短期薪酬激励和保留员工。需要随着自身的发展选择和调整薪酬支付方式管理策略，合理使用延期支付，发挥薪酬的激励作用。

8. 薪酬的沟通管理

薪酬沟通是薪酬管理体系的重要组成部分，沟通得好，员工对薪酬就比较容易接受，薪酬的正面激励作用会发挥得较好；反之，薪酬的负面影响就会显现出来。因此，企业需要实施合理的薪酬沟通管理策略，在薪酬的公开与保密之间进行交互，并选择合适的薪酬沟通管理方式。

9. 薪酬的满意度管理

薪酬体系实施之后，还需要对员工的薪酬满意度进行管理。要确定企业是追求内部公平还是外部公平，并向员工传递公司的薪酬文化。

第四节　薪酬战略管理

绩效管理的核心功能是激励，而激励功能与薪酬管理最为密切。企业要实现预定的战略目标，就应根据该战略目标实施相应的薪酬管理战略，建构企业的薪酬管理框架。

一、薪酬战略管理的整体框架

企业如何通过建构薪酬管理的框架进行薪酬体系的设计和管理呢？基本上需要从四个层面着手，并且围绕这四个层面的不同问题展开管理与设计。

（一）战略层面

传统意义上的薪酬管理只停留在简单操作、技术和制度层面，但是随着经济发展，信息技术大量应用于企业管理中，越来越多的企业认识到薪酬管理的重要性，也认识到薪酬管理是一种有效辅助企业战略实施的重要的人力资源管理手段。因此，越来越多的企业更加关注如何根据企业战略来调整企业的薪酬管理战略，将薪酬管理与企业的业务经营管理有机地联合起来，促进人力资源管理的高水平发挥，从而有效地推动企业战略的实施。

（二）基本工资层面

企业进行基本工资管理的首要问题是确定基本工资的决定基础，在确定该基础时应当注意，不仅要考虑岗位的职责和等级，还要兼顾外部竞争的公平性和内部薪酬结构的公平性。

企业可以运用一些辅助技术帮助确定基本工资的决定基础。其中，职位评价技术基本可以解决基本工资的决定基础和内部公平性的问题。国际上比较盛行的海氏职位评价方法和国际职位评价方法（IPE）值得借鉴。我国的一些研究机构也根据国情研究了一些职位评价方法，可以根据企业的具体情况进行参考借鉴。企业的外部竞争公平性的问题主要可以通过薪酬调查来保障。因此，在基本工资层面企业要考虑如何通过职位评价和薪酬调查来决定企业的工资结构。

（三）奖金管理层面

奖金管理是薪酬管理的重要一环。奖励的激励作用直接体现了企业激励的导向性，企业期望达到什么样的业绩目标就应该对此目标进行考核，并对此项考核结果进行激励。奖金体系设置成功的关键在于，薪酬激励体系的导向和绩效考核体系导向的配合。

奖金管理中首先要考虑支付奖金的依据，通常情况下以企业的绩效管理制度为依据；而支付奖金的形式可以是多种多样的，各个企业可以根据自身的情况选择不同的形式；支付奖金额度也是根据绩效考核的结果来决定的，但是不同行业、不同企业和不同岗位的奖金绝对水平和相对比重是不同的。

（四）福利管理层面

企业的福利管理越来越多地受到广大企业员工和企业管理者的重视，其在薪酬管理中的地位也越来越突出。企业的福利由两部分组成：法定福利和企业补充福利。企业的福利管理也相应分为法定福利和企业补充福利管理。

通过战略性薪酬体系，企业就可以有效地引导和改变员工的态度和行为方式，并使其与组织的战略相配合。而一旦实现了这种配合，企业就可以通过人的行为来获得竞争优势，因为只有落实到每个员工日常工作行为中的竞争战略才是竞争对手真正难以模仿的战略。

二、薪酬战略的 4P 定位

企业在制定薪酬战略中可以采用 4P 定位的方法来确定适合企业的薪酬基础。所谓4P 定位法，也就是从四个方面来衡量薪酬基础的方法。

在 4P 中，P1 代表 Position，即岗位，是指从岗位职责和岗位职级来考量薪酬确定的标准，其中还要考虑该岗位的员工所具有的市场价值；P2 代表 Person，即个人能力，是指从个人能力素质和潜力的角度来考量薪酬确定的标准；P3 代表 Perfomance，即员工的绩效表现，是指从员工的绩效考核及绩效表现角度来考量薪酬确定的标准；P4 代表 Price，即员工在人才市场中的薪酬水平，是指从员工的市场价格的角度来衡量薪酬确定的结构和标准。

4P 中的各个方面代表了企业确定薪酬标准所需考虑的四个方面，这四个方面是缺一不可、互相关联的。

（一）岗位方面

在确定薪酬标准时首先考虑的是该岗位的岗位职责和岗位等级，以及该岗位等级在市场中所具有的价值。企业根据岗位确定相应的薪酬标准时要注意各个岗位的区别，以及市场中该岗位的价值。一般情况下，每个岗位的基本工资不应是固定数值，而是有一个价值区间。

但是，如果企业单一地考虑以岗位来确定薪酬，虽然可以让员工有一定的安全感，觉得只要等到岗位的变迁，那么自己的工资也就会随着改变，但这也会使员工失去竞争意识，使企业失去竞争优势和活力。

（二）个人能力方面

在确定薪酬标准时，由于各个岗位的基本工资等都具有一定的价值区间，因而在确定具体员工的薪酬基础时还要考虑其个人素质、能力和潜力，以此作为依据判定该员工对应的具体工资数额。

如果企业过分看重个人能力方面的因素，那么会造成在同一岗位上的员工产生强烈的不公平感，也可能有高能力的员工并没有全力投入工作中却拿到较高回报，而且会造成员工只着眼于自身能力的提高，并不关心所在团队或者企业的整体利益。

（三）绩效表现方面

在确定薪酬标准时还应考虑员工的绩效表现情况，要将薪酬制度与绩效考核相挂钩，这样才能有效地推动企业的绩效管理，才能达到辅助企业实现战略目标的目的。

如果企业只考虑绩效表现这个方面，确实可以使员工产生强烈的竞争意识，激励效果明显，但是这也会造成员工只考虑个人绩效表现，会在企业内部产生不良竞争，减少员工间合作。另外，如果长期使用高额的绩效奖励，那么当企业一旦出现发展缓慢的情况而不能承受高额的绩效奖励时，员工的期望值就会下降，激励程度不够，从而不能很好地与企业一起共渡难关。

（四）员工的市场价格方面

在确定薪酬标准时还应考虑员工在工作中所表现出的潜力，并根据该潜力进行合理的薪酬标准的确定。例如，有些大型企业会招收一些具有发展潜力的大学生进入企业做培训生，虽然学生都没有工作经验，但是企业付给他们的工资要比一般的无经验者高，这是因为企业将这些学生的潜在能力考虑在薪酬构成中。

在确定薪酬标准时还应该考虑员工在人才市场中所能获得的薪酬结构和薪酬水平，也就是员工的市场价格，并根据这个价格进行相应的薪酬标准的确定。企业支付给员工的薪酬是高于、持平、低于市场价格，是基于企业的薪酬水平战略、业务状况，以及相关行业市场的人才供给情况确定的。

三、薪酬战略的形成

战略性薪酬问题是指企业薪酬体系中与企业战略目标的实现紧密相关的事项。

（一）薪酬战略形成过程

企业实施薪酬战略应当考虑如下一些问题：①我们要达到的战略目标是什么？明确企业的战略定位及战略实施方案。②我们要怎样才能够实现总体的战略目标？将企业的战略目标分解到各个业务部门，确定各个业务部门的战略目标。③为了推动战略目标的实现我们应该实施怎样的人力资源管理战略？针对企业战略和业务部门战略确定相应的人力资源管理战略。④根据市场环境、法律环境和相应的社会环境，企业应该实施适应企业战略目标和人力资源管理战略的薪酬战略。⑤根据薪酬战略确定具体的薪酬管理制度，帮助企业在市场中赢得竞争优势。

（二）确定薪酬战略步骤

（1）依据企业战略，确定本公司的关键成功要素是什么，以及组织需要做些什么才能达成自己的使命或者获得理想的竞争地位。

（2）依据企业的现有条件及所面临的外部环境，确定组织需要什么样的行为或者行动来使这种竞争策略得以成功执行。

（3）确定组织应当用什么样的薪酬方案来强化这些行为，以及薪酬方案的每一部分是强化哪种或者哪些理想行为。

（4）明确要发挥每一种薪酬方案的预期作用，需要满足哪些要求，该方案对员工有何价值，以及评价这些薪酬方案的激励有效性采用何种方法。

（5）评价企业现有的薪酬方案能够在多大程度上满足这些要求。

四、薪酬战略的选择

根据典型的战略类型来安排人力资源战略，并据此设计企业薪酬战略，如表6-4所示。

表6-4 不同战略类型对应的薪酬战略

经营战略	商业反馈	人力资源战略	薪酬体系
·创新者 ·提高产品的复杂性、缩短产品生命周期	·产品的领导地位 ·转向大众化生产和创新周期	灵敏、有冒险精神、有创新意识的人	·奖励产品创新和生产过程的改革 ·薪酬以市场为基础
·成本控制者 ·注重效率	·操作精确 ·寻求节省成本的方法	少用人、多办事	·重视竞争对手的劳动成本 ·提高可变工资的比率 ·重视生产力 ·重视系统控制和工作分工
·关注顾客 ·提高顾客期望	·密切顾客的关系 ·售后服务 ·对市场反应迅速	取悦顾客，超过顾客期望	·以顾客满意为基础的激励工资 ·以与顾客的交往为依据评价工作和技能

第七章 人力资源管理发展探究

第一节 人力资源管理与企业核心竞争力的关系

一、人力资源管理与企业核心竞争力的内在联系

（一）人力资源管理是企业核心竞争力的关键

由于企业核心竞争力是一个以企业技术创新能力为核心，包括企业的反应能力、生产制造能力、市场营销能力、连带服务能力和组织管理能力在内的复杂系统。而技术创新能力等诸项能力的状况与增强又取决于人力资源的状况与开发。因此，可以说企业核心竞争力的关键在于企业人力资源管理。离开了企业人力资源管理，企业核心竞争力便会成为无本之木，无源之水。

1. 企业核心竞争力的强弱取决于企业人力资源的状况

人力资源是企业首要的能动性生产要素。虽然人力资源与生产资料、资金、技术等一样都是企业的生产要素，在整个企业正常运营中缺一不可。但是，诸要素的作用却不相同，其中，唯有人力资源是起决定性主导作用的第一要素，是能动性要素，生产资料、资金、技术等均被动地由人力资源使用与推动。企业人力资源与企业核心竞争力及其各组成部分的关系也正是这种主导与辅助、能动与被动的关系。企业科技人员的能力与水平决定了企业技术创新能力的强弱，企业经营管理人员的能力和水平决定了企业反应能力、市场营销能力和组织管理能力的强弱，企业生产工人的能力和水平决定了企业生产制造和连带服务能力的强弱，企业全体员工的整体素质和能力决定了企业核心竞争力水平。正是从这个意义上来说，企业人力资源的状况决定了企业核心竞争力的强弱。例如，海信集团，其成功的根本就是对人力资本的重视及其制度支持，海信一开始就注意到人力资本产权的重要性，尤其为科研部门设立了有效的激励机制，如提供良好的工作环境

与待遇，激发了人力资本的积极性，正是技术、治理机制和学习能力相整合而形成的核心能力为海信创造了竞争优势。

2. 企业核心竞争力的培育过程是企业人力资源管理的过程

企业核心竞争力的培育过程可以划分为三个阶段。

第一，开发与获取构成企业核心竞争力的专长和技能阶段。

第二，企业核心竞争力各构成要素整合阶段。

第三，核心产品市场的开发阶段。

在企业核心竞争力的整个培育过程中，哪个企业能够获得最关键的技术、耗费的时间最短、核心产品市场份额最大，哪个企业的核心竞争力就最强。而在这个过程中，最关键的是要有足够数量的高素质人才。因此，管理企业人力资源自始至终地贯穿于企业核心竞争力的培育过程。

企业人力资源的管理就是为了全面实施企业的发展战略，不断增强企业核心竞争力。而对员工的智力、知识水平和技术能力进行开发与提高，对员工的企业本位意识和敬业精神进行培育的全过程，有效的人力资源管理恰恰是与企业核心竞争力的培育密切结合而进行的，为企业核心竞争力的形成与增强奠定坚实的人力资源基础。

3. 企业核心竞争力的增强是企业人力资源管理的根本目的

不断增强企业核心竞争力既是企业自身发展的迫切愿望，又是市场经济条件下企业生存与发展的客观要求。必须全面、深刻地分析与研究增强企业核心竞争力的有效措施，从企业核心竞争力的内涵和构成以及一些成功企业的实践经验来看，全面系统地进行企业人力资源管理是增强企业核心竞争力的重要措施。企业人力资源管理是以企业全体员工为管理对象、对员工的智能进行的开发管理。

具体内容包括三个方面：一是启发、培养员工的智力，如理解力、思维判断力、想象力、创造力等；二是提高员工的技能、实际操作、运用创新技术的能力和科学技术、文化知识水平；三是充分调动企业员工工作积极性、主动性，培养其敬业精神。上述第一、第二方面是培养能力、挖掘潜能的过程，第三方面是促使其全部能力充分释放的过程。由以上管理内容所决定，企业人力资源管理是一个立体交叉开发系统，具体包括企业人力资源管理的规划系统、企业人力资源管理的投入/产出系统、企业人力资源管理的评估系统。

企业人力资源管理的根本目的是通过对科技人员的管理增强企业技术创新的能力，通过对经营管理人员的有效管理增强企业反应能力、组织管理能力和市场营销能力，通过对生产工人的有效管理增强企业生产制造能力和连带服务能力。通过各方面能力的整合增强企业的核心竞争力。

在世界经济一体化、知识经济已经出现的当代，企业要生存和发展就要具有自己的核心竞争力，而企业核心竞争力的培育与增加需要企业不断地进行人力资源的开发，企业应高度重视人力资源开发对增强企业核心竞争力的影响，有效地做好人力资源开发工作，为企业核心竞争力的增强奠定坚实的人力资源基础。

（二）人力资源管理与企业核心竞争力的关联性

人力资源管理是人力资本集合和公司有效性之间关系的中间变量，这种中间变量角色可能解释为什么许多公司强调人力资源的重要性，而只有极少数的公司能够开发出作为竞争优势的人力资源。核心竞争力仅仅在人力资本集合和人力资源实践相互作用中形成。公司虽然能够模仿那些显然使其他公司成功的人力资源管理实践，但只有通过在特定的环境下使用这些人力资源实践，人力资源管理才能成为企业核心竞争力之源。

而人力资源管理在企业核心竞争力中所发挥的作用，主要是通过以下三方面实现的：

第一，人力资源管理能改善公司对关键环境变量变化的敏感能力；高水平的人力资源管理将通过适应环境复杂性的监控分散化而增加组织的监控能力；监控不再仅由中心部门所执行，更多的信息将更多地来源于接近真正利益相关者团体的员工。

第二，人力资源管理也能产生设计更为有效地应对环境变化的战略的能力。尽管高层经理负责公司战略方向的设定，许多下属单位开始开发必要的战略和战术，以有效地对他们特定的环境起作用。

第三，战略一旦被设计出来，需要迅速而有效地得到执行。这种挑战要求来自员工队伍的灵活性和适应性。很显然，高水平的人力资源管理能提供高度的灵活性，以使组织适应新的技术或新的环境。最近的研究证明，具有高认识能力的组织比认识能力低的组织更能够学习与工作相关的知识；拥有高水平人力资源集合的公司将比拥有低能力员工队伍的竞争对手有优势。

二、人力资源管理对企业核心竞争力的作用机制

（一）黑箱模型

人力资源管理的各项实践活动对企业核心竞争力有着或多或少的影响，这种影响不仅体现在企业的财务业绩上，还体现在对企业战略的实施与战略目标的实现等方面。那么，从整体上讲，人力资源管理与企业核心竞争力之间具有什么样的关系呢？已有研究采用累计叠加方法来测量两者的关系，即将每一项人力资源管理的实践活动所产生的影响简单叠加为一个整体变量，来衡量人力资源管理对企业效益的影响。

换言之，就是看企业竞争力中有多少能够为某一项特定的人力资源管理实践活动做解释。对于这种理论方法只要略加分析就会发现它的不科学性。如果人力资源管理的实

践活动的项目数是不断增加的，或者从事人力资源管理活动的人数增加了，采用累计叠加方法求得整体变量必然是增加的。显然这种解释是不合实际的。

影响企业发展的管理政策和活动除了人力资源管理之外，还包括财务资源管理、物质资源管理、信息资源管理和市场资源的管理等。而所有的管理活动最终都要靠人来实现，每一种资源的管理和企业竞争力之间的关系都不是简单的线性关系，很难说企业竞争力提升中有多少是由于某一种资源的管理引起的，难以确定一种资源管理投入的增加或减少与企业竞争力提升或下降之间的定量的关系。由此看见，企业的人力资源管理与企业核心竞争力之间是一种黑箱关系。

由于企业核心竞争力的提升是企业所处环境、企业自身发展阶段、企业经营战略、人力资源管理实践、人力资源管理支持等多种因素相互联系、相互依存的复杂系统行为的结果，人力资源管理无法单独对企业核心竞争力产生作用，必须与其他各种因素相互配合才能产生效果，而各影响因素之间又是相互联系、相互渗透的。要想把人力资源管理从这一复杂的影响因素体系中剥离出来进行分析是相当困难的。

（二）环节控制模型

有效的人力资源管理和开发活动，可以有效地提升企业的核心竞争力。人力资源管理对企业核心竞争力的促进作用贯穿于人力资源管理和开发的全过程中，包括人力资源战略规划、人力资源管理的职责定位、人力资源的获取与再配置、企业绩效管理体系的建立、薪酬设计与管理、人力资源培训与开发系统的建立等。

人力资源管理通过其各个环节对企业竞争力作用的过程被称为环节控制模型。同时随着知识经济的来临和企业中知识型员工比例的提高，人力资源管理和开发的实施已不仅仅由人力资源管理人员来完成，各部门的管理人员、企业的高层管理者甚至企业中的每一名员工都要参与其中。

人力资源管理对企业核心竞争力的影响体现在多个方面，可以从多种不同的角度和层面来进行研究，并且对于不同行业特点的企业、企业的不同组织类型、企业的不同发展阶段以及企业所处的外部宏观经济环境的不同，人力资源管理对企业竞争力的影响和作用机制也不尽相同。下面我们将从人力资源管理过程这个层面，探讨人力资源管理对企业核心竞争力的提高过程。

人力资源管理活动依照其在企业管理中的作用，可分为功能性活动和辅助性活动，它们在企业管理活动中起着不同的功能作用，两者相辅相成，构成完整的人力资源管理系统。

人力资源管理系统依靠组织输入其需要的各种资源，包括环境、技术、市场机会、经济来源、劳动力等。同时它也为组织和个人带来输出，其输出最终表现为企业效益的增加和整个组织目标的实现。在企业的发展过程中，人力资源管理要想在企业管理中充分发挥作用首先必须弄清楚整个组织目标和战略意图。有效的人力资源管理总是立足于组织目标和企业的发展方向来开展各项工作。

许多著名的大型跨国企业通过以下三种途径将人力资源管理与公司经营战略相联系：①为实现公司战略目标而选择人力资源管理系统构建与运作方式。②在一定战略目标或环境下预测人力资源的需求并实施管理。③在公司战略目标与组织结构相统一的整体中努力融进人力资源管理。

三种途径虽然各有特色，但共同之处在于：人力资源管理活动总是围绕组织目标来制订计划，将组织目标转化为人力资源管理各子系统的目标，形成相互配合的目标体系，共同致力于组织目标的实现。

人力资源管理计划的制订与实施的首要任务就是为组织配置人员。人员的配置到位是组织运转的开端和持续运行的基础，具有十分重要的作用。事实上，人力资源配置调整是组织中的一项经常性的工作。

随着市场竞争的日益激烈以及国家宏观政策的不断变化，为适应经济环境的变化，企业必须不断改变与调整组织结构，这势必引起人力资源配置的变化。人力资源管理与开发的核心问题是力图动态地实现组织内人力资源配置优化。为此，要按照组织的要求改变内部环境，确定内部各部门的岗位责任制，建立组织发展系统、奖励系统、交流沟通系统以及劳资关系系统。

无论人力资源管理系统如何调整，所有子系统的计划和行为都应相辅相成，紧密配合，合作协同，形成合力，力戒出现子目标的不协调和重叠与冲突。任何系统的功能从本质上来讲都取决于系统的结构，整个人力资源管理系统的执行和循环过程所产生的结果，最终表现为企业核心竞争力的提升。

第二节　加强人力资源管理提升企业核心竞争力

随着经济全球化和知识经济时代的到来，世界各国企业都面临着越来越激烈的国内和国际市场竞争，而企业核心竞争力的提升关系到现代企业的生存发展。

企业核心竞争力的提升，涉及企业管理的各个方面，其中最为主要的环节就是人力资源管理。因为人力资源是承载知识和技能的实体，是企业所拥有的专门知识和能力的总和，是真实存在可发展的，所以人力资源成为决定企业市场竞争力的关键因素。

换言之，人力资源管理是提升企业核心竞争力的重要途径。人力资源管理对企业核心竞争力的培养起着至关重要的决定作用。

一、基于人力资源的企业核心竞争力模型

人力资源具有不可模仿性、不完全流动、可变性、稀缺性、复杂性等特征，人力资源是企业的战略性资源，是企业核心竞争力的源泉和载体。企业核心竞争力由核心因素人力资源和绩效管理、学习型组织、企业文化、技术创新四大外围因素构成。

人力资源包括管理人才、科技人才、管理团队、员工忠诚度、员工素质和工作态度等因素。人力资源由数量与质量两方面构成，人力资源质量，是指劳动者具有的综合的劳动能力水平，可用劳动者的健康状况、知识和技能水平及劳动态度来衡量；人力资源数量，是指劳动者数量的规模。现代企业的竞争归根结底是人才的竞争，而且人力资源与其他资源相比具有独有的特征，是企业的战略性资源。人力资源是形成企业核心竞争力的重要因素之一。

该核心竞争力以人力资源为核心，以绩效管理、学习型组织、企业文化和技术创新四个外围因素组成。这里通过研究人力资源与这四个因素的相互作用，以及如何整合这些职能和资源，以达到提升核心竞争力的目的。

该核心竞争力具体构成及其相互关系如下：

人力资源——绩效管理。绩效管理是一系列以员工为中心的干预活动。绩效管理的最终目标是充分开发和利用每个员工的资源来提高组织绩效，即通过提高员工的绩效达到改善组织绩效的目的，所以人力资源对绩效管理也有很大的影响。

人力资源——学习型组织。学习型组织是通过培养弥漫于整个组织的学习气氛，充分发挥员工的创造性思维能力而建立起来的一种有机的、高度柔性的、扁平化的、符合人性的、能持续发展的组织。同样，"学习型组织"也是现代企业人力资源管理的重要内容，通过"学习型组织"的创建同样有助于提升企业核心竞争力。

人力资源——企业文化。企业文化对企业的发展起着举足轻重的作用，它是企业生存和发展的原动力，指引和决定着企业发展的方向，同时也是企业各资源和职能部门的黏合剂。没有强有力文化的企业，就像一盘散沙，各个部门独立运作，缺乏一种和谐发展的气氛。而且企业的发展方向是不稳定的，在激烈的竞争中不利于企业形成核心竞争力，更不利于企业的长久发展。文化并不是在企业诞生前就制定的规则，而是企业在发展过程中根据不断变化的环境不断修正的，而文化的载体是人，修正文化、传承文化的主体也是人，因此人对企业文化有很大的影响。有了适应和理解企业文化的人力资源，企业的文化才能得以继承并根据环境变化得以发展，才能保证企业的持续发展，并形成和提升企业的核心竞争力。

人力资源——技术创新能力。技术创新是企业形成核心竞争力的源泉和提升核心竞争力的保证。企业只有具备了技术创新能力，才能将各项技术和资源转化为企业的竞争

优势，而只有具备了持续的技术创新能力才能把竞争优势发展为核心竞争力。技术创新只能通过人来实现和延续，企业只有具备了高素质并且认同企业文化的创新型的员工，才能把技术和资源优势发展成为竞争优势，只有留住和进一步培训员工以保持和提升其创新能力，才能将竞争优势进一步发展为核心竞争力。

人力资源与这四个外围因素共同构成了核心竞争力的模型，在战略性人力资源管理的过程中，这几个因素相互作用，互相促进，起到了提升核心竞争力的作用。

二、提升企业核心竞争力的人力资源管理策略

（一）绩效管理创新提升企业核心竞争力

建立客观公正的绩效评估体系既是一种绩效控制的手段，也是一项具有广泛激励和导向作用的人力资源开发管理系统工程，它能通过提高员工工作绩效，有效实现企业战略目标。在建立企业绩效评估系统的具体选择标准时，可从以下关键因素加以确定：

（1）重要性

即指对企业价值和利润的影响程度。通过专家对企业整体价值创造业务流程的分析，造成对其影响的较大的指标。

（2）可操作性

即指标必须有明确的定义和计算方法，易于取得可靠和公正的初始数据。

（3）职位可控性

即指标内容是该职位人员控制范围之内的，而不是该职位不能控制的，这样才能公平、有效地激励人员完成目标。

我国企业若想成功地实施绩效管理，提升企业核心竞争力，不仅要实现绩效考核模式的转变，更重要的是要实现从单纯的绩效考核向绩效管理的提升，构建完整高效的、以战略为导向的绩效管理体系。

一个完整的绩效管理体系包括如下五个组成部分：

第一，设定绩效目标。目标是绩效管理的目的，绩效管理的活动都依赖于目标的落实，因此，经理应该和员工共同设定绩效目标，为绩效管理做最充分的准备。

第二，业绩辅导。目标设定之后，经理的职责就更加明确：辅导。经理应在员工实现目标的过程中不断与之沟通，尽其所能地与员工保持密切联系，不断为员工提供资源支持，为之清除前进道路上的障碍，一切为目标的实现而工作。

第三，记录员工的业绩档案。"没有意外"是绩效管理的一个重要的原则。这里的"没有意外"是指在年终绩效考评当中，经理和员工对绩效考评的结果不会意外，一切都在

意料之中，员工不会因绩效考评的结果和经理争论，无争论正是绩效管理所倡导和追求的。为了不出现意外，经理就必须在日常的工作中多加观察并做必要的记录，形成员工的绩效档案，为以后的绩效考评准备更加充足的材料。

第四，绩效考评。绩效考评是绩效管理的必经阶段，绩效管理的目的不是考评，但考评的目的是使绩效管理更加优秀，通过考评发现问题，并解决问题，使绩效考评成为经理和员工共同的机会。

第五，绩效管理体系的诊断和提高。没有绝对完美的绩效管理体系，任何企业的绩效管理都需要不断完善，因此，在考评结束之后，企业应组织有效的诊断，从而发现问题并解决问题，使企业的绩效管理体系在下一个循环当中发挥更大作用。

在企业战略明晰、组织结构确定的前提下，战略需要被转化为企业阶段性的目标和计划，在此基础上形成各个部门的目标和计划，继而形成员工个人的目标和计划。目标和计划一旦明确，组织便进入了工作状态，此时企业通过会计统计系统对企业、部门及个人的绩效状态进行监控，并且定期向各级管理者反馈监控结果。

企业的统计系统能够进行绩效监控，但是并不见得能够满足绩效监控的全部要求。在建立绩效监控的时候，应该对企业现有的统计系统进行梳理和改造，使之能够满足绩效监控的全部要求。

一个阶段之后，考核者根据绩效监控体系反馈回来的数据、被考核者绩效目标完成状况，对被考核者进行绩效评价，同时对被考核者工作出现的问题进行分析和探讨，寻找问题的根源，并确定绩效改进的方法。这里应该注意的是，问题的根源应该更多地从被考核者自身去寻找。

绩效评价并不是考核的目的，寻找问题、分析问题、解决问题从而促进绩效改进才是绩效考核的目的。我们将这个过程称为经营检讨。考核结果一方面为企业的人力资源管理提供决策依据，另一方面促使管理者重新审视企业的经营目标和计划，甚至是企业的战略规则。

（二）建立学习型组织提升企业核心竞争力

1. 学习型组织的概念

学习型组织是一个不断创新、进步的组织，在其中，大家可以不断突破自己的能力上限，创造真心向往的结果，培养全新、前瞻而开阔的思考方式，全力实现共同的抱负，以及不断一起学习如何共同学习。

学习型组织，是指组织全体成员持续地通过各种方式和途径进行学习，形成组织学习的氛围、知识创造和共享的学习机制。

只有学习型组织才能适应急剧变化的世界环境，才能永葆青春活力。学习型组织有四个特点：

第一，强调横向联系与沟通，强调授权。这种新型组织中强调授权管理以提高对外部环境的适应性。位于较高等级职位的管理者不再扮演监督与控制的角色，而是转为支持、协调和激励的角色。

第二，学习型组织应以成员的自主管理为导向，成员自主计划、决策与协调。在此，员工决策的范围远比参与民主管理的员工的决策范围广泛得多。

第三，学习型组织应具备较强的自我学习能力。较强的自我学习能力是组织在动态复杂环境中维持生存、求得发展的必要条件。

第四，学习型组织富有弹性，反应灵活。知识、技术与信息在学习型组织中占主导地位，强调与速度的竞争。

学习型组织理论对战略性人力资源培训具有重要的指导意义，培训是一个系统性工程，是组织整体的培训，涉及全员，要通过培训体系的建立、培训制度的执行和组织培训氛围的形成使学习和提高的理念深入组织发展之中，使培训、学习成为员工的自觉行为，切实提高员工和组织的学习能力，提升培训效果，帮助组织赢得持续的竞争优势，实现长远发展的战略目标。

2. 创建学习型组织，提升企业核心竞争力

"学习型组织"是新世纪人力资源管理的重要内容之一，通过"学习型组织"的创建同样有助于培养企业核心竞争力。"学习型组织"进入中国也已有多年，一些企业、公司正在学习研究。那么，结合中国的国情，在企业中如何创建"学习型组织"，如何通过"学习型组织"来提高员工的综合素质和企业的核心竞争力呢？

第一，在学习中成长。当今社会是一个信息经济时代。飞速发展的 IT 产业，特别是迅猛成长的 Internet 网络，正在给我们的经济、社会与文化生活带来前所未有的冲击。毋庸置疑，21 世纪，孤独、封闭的组织是无法超越自我、超越竞争对手的。与传统的企业相比，将来的企业将变得更为智能化。知识、信息处理以及学习创新成为组织的重要能力，或者说，"学习型组织"将成为组织变革的主要方向。因此，组织以及组织中的个人都要不断地学习，不断地实现自我超越。

第二，创造是学习的核心。建立"学习型组织"，首要的问题是向谁学习、学习什么。我们不仅可以向企业外部的榜样学习，也可以在组织内部树立榜样，甚至向竞争对手学习，向自己或榜样或过去的经验教训学习，向其他行业的企业学习，等等。这一学习过程，就是知识获取和传递的过程，在此基础上，才能更好地创造知识。创造是学习的核心，没有创造的学习只能是简单模仿。

第三，"学习型组织"首先需要学习型的企业家。"学习型组织"的关键是企业家或经营者本人，他的学习能力是经营决策成功的关键。同时，他的思维方式改变和眼界的扩大，将为企业创造更大的发展空间。他的学习为下属树立榜样，他也是"校长"或"教授"，指导着其下属和员工的学习与互动。在"学习型组织"中，我们不赞成高层领导人整天沉浸于企业内部的日常事务的处理上，他应当抽出更多的时间出去走走，参加有关的各种活动，接触方方面面的人，以扩充他的知识和眼光、视角，只有这样，他才能站在更高更远的角度来统率企业。因此，我们说，"学习型组织"首先需要学习型的企业家。

（三）加强企业文化建设提升企业核心竞争力

企业文化是人力资源管理的重要组成部分和内容。营造良好的企业氛围是现代企业人力资源管理的重要任务之一，这也是培育企业核心竞争力的重要途径之一。每一个拥有核心竞争力的企业都有优秀的企业文化，可以说，核心竞争力是在企业文化的基础上培育起来的。企业核心竞争力的特征之一就是其独特性，不易被竞争对手通过简单的模仿而获得。为了使核心竞争力具有独特性，仅有核心技术是远远不够的，必须具有能整合核心技术从而创造出竞争优势的企业文化作支撑。由于某种核心技术往往是容易模仿的，它只有通过与企业文化结合才能发挥超越技术范围的功能，从而形成有别于其他竞争对手的竞争优势。通过人力资源管理，有助于形成培养核心能力所需要的组织文化，加速核心竞争力的形成。

1. 企业文化概念

企业文化，一般有广义和狭义之分。广义的企业文化，是指企业在创业和发展过程中形成的物质文明和精神文明的总和，具体包括企业管理中的硬件与软件、外显文化与隐形文化两部分。而狭义的企业文化，包括企业的思想、意识、习惯、感情等。一般来讲，企业文化，是指企业全体员工在长期的创业和发展过程中，培育形成并共同遵守的最高目标、价值标准、基本信念以及行为规范等。

2. 企业文化建设的基本内容

企业文化建设的内容很广泛，主要包括企业精神、企业目标、经营宗旨等方面，具体体现如下：

（1）企业精神

它是企业文化的核心，是企业在经营和管理实践活动中形成的能够反映员工意愿和激励干劲的无形力量，是企业发展的精神支柱。在培育和建设企业文化中，首先要抓住企业精神的培育。企业精神的概括和提炼应富有个性、特色和独特的文化底蕴。例如，某企业倡导的企业精神为敬业、团队、创新。"敬业"是鼓励为事业而献身的精神，培养踏踏实实和精益求精的工作作风。"团队"是要求企业内部要有协作和配合的精神，员工不但要对自己的工作负责，同时也对整个企业负责，提倡员工之间互相鼓励、互相关心和帮助。"创新"精神包含了"开拓"的内涵，是企业高速发展的重要动力。

（2）企业目标

它是企业适应形势的发展和需要而提出的奋斗方向。企业目标是团结一致、努力拼搏的基础，用目标的实现来凝聚员工，为实现目标调动全体员工的积极性、智慧和创造性。

（3）经营宗旨

它是在企业生产经营过程中，企业员工上下所信奉的共同的基本信念和理想追求。正确的经营理念，对推动企业在市场中生存发展具有巨大的反作用力。

3. 加强企业文化建设，提升企业核心竞争力

企业文化能显著影响企业的经营绩效，并具有其他方法无法替代的隐性作用。国家富强靠经济，经济繁荣靠企业，企业兴旺靠管理，管理关键在文化。可见在企业中，企业文化的重要性，那如何加强企业文化建设来提升核心竞争力呢？

第一，注重提炼精神文化。优秀的精神文化是企业文化体系的核心，企业只有根据自己的特点，提炼出本企业的优秀理念，然后才能从核心上体现出企业的个性。

第二，不断创新制度文化。企业文化的建设一定要有制度保证，而在这种制度保证中要做到制度文化的不断创新。当企业内外条件发生变化时，企业制度文化也应相应地进行调整、更新、丰富、发展。成功的企业不仅需要认识目前的环境状态，而且还要了解其发展方向，并能够有意识地加以调整，选择合适的企业制度文化以适应挑战。企业要根据自己的理念，不断推出适应新的竞争形势的管理制度。在这种制度文化的创新中，要考虑是否适合本企业文化，是否能对提升本企业的文化发挥作用，用优秀的制度来保证文化建设的实施。

第三，积极倡导行为文化。企业文化建设一个非常重要的方面就是要落实到行为之中。在企业文化建设中，企业家作为企业的领导要积极倡导优秀的行为文化，并且身体力行，做出表率，一个领导者的表率作用常常会起到潜移默化的作用。行为文化的倡导可以分为两个层次：一是企业要有全新的管理行为，在自己的管理行为中处处体现出本企业的文化特点，体现出企业的文化品位；而员工要有全新的工作行为，要用爱岗敬业、诚实守信的行为来具体实践企业的文化，使社会公众通过企业员工的行为，更好地认识该企业的文化内涵。

第四，着力构建物质文化。企业的物质形态，往往也反映出企业的文化特点，是一种让人一目了然的文化。这种物质形态表现在整洁的厂貌、现代化的工作设施和环境、具有先进理念的办公环境等，在企业的"硬件"中体现出企业的文化追求，使员工处于良好的文化氛围中，实现企业优秀文化建设成果向企业核心竞争力的转化。

（四）进行技术创新提升企业核心竞争力

企业的技术创新涉及三个主要变量：基础（它作为供应变量包括资源和基础条件）、市场和企业自身，三者缺一不可。基础，是整个社会的自然禀赋所决定的，在短期内很难改变；市场，是一个受多方面影响的系统，很难从一个企业的角度去考虑市场的变化；企业自身，才是企业可以通过自己的力量实现技术创新的途径，也是通过战略性人力资源管理和技术创新相互影响，提升核心竞争力的关键。

核心竞争力是企业中的积累性学识，其本质是知识，而知识最直接的体现就是技术，一项技术优势可以发展成为企业的竞争优势，不断创新的技术就可能发展成为企业核心竞争力的组成部分。人是知识的载体，知识的传播和积累都要靠人来完成，技术同样如此，企业有了掌握高技术并有创新意识的人才，并且在人力资源管理的过程中给予他们足够的重视，才能始终保持技术的领先，保证企业有比平均水平更高的生产效率，培育和提升企业的核心竞争力。

1. 企业应提高对技术创新的重视，加大对科研的投入

技术创新不但能帮助企业克服边际效应递减的影响，提升企业的竞争力，其外部性还可以提高整个行业乃至整个社会的生产效率。而且也只有保持先进的技术和技术不断创新，企业才能在激烈的全球竞争中享受高于平均水平的收益，立于不败之地，企业应该提高对技术创新的重视力度，建立学习型企业环境。

首先，企业应该加大对技术创新的资金投入力度，为企业的技术创新活动提供足够的资金保证。其次，企业应该加大对科技人才的引进力度，要提高高技术、高学历人才在员工中所占的比例，提高全体员工的创新水平，并注重对在职员工，特别是掌握熟练技术员工的培训。最后，企业还应该充分利用各类社会资源，加强与高校等科研机构的合作。企业可以将自己的科研课题、技术攻关项目外包到科研机构，也可以将科研机构的研究成果应用于实际的生产。这样不但可以节约企业的科研和人员成本，还可以化解企业科研的风险，并形成产、学、研的良性循环体系，有利于企业的长远发展。

2. 以技术创新，引导战略性人力资源管理

技术创新归根结底是人的因素起最关键作用，人是技术的载体，人是推动技术创新的最根本动力，以技术创新来引导企业的战略性人力资源管理就可以很好地实现人与技术、人与技术创新的互相促进。

（1）科研人员招聘阶段

要想提高企业的技术水平和技术创新水平，拥有高技术的人是必不可少的，也是进行技术创新最基础的资源。企业的技术创新是全员参与的过程，但是必须也要有技术骨干起带头作用，企业在招聘员工时，就应该根据企业现有的技术和人员结构，引进企业急需的人才，这种招聘方式可以节省企业的培养成本，降低企业培养的风险。由于技术人员不同于普通员工，他们进入企业后会掌握该企业的技术信息，甚至是核心技术信息。企业在招聘阶段必须要从企业的实际出发，不能单纯地以高学历为判定标准，应该以其科研实力，以道德品行为三要的考察目标，有了较高的科研能力才能胜任企业繁重的科研任务，有了好的道德品行，才能保证员工的稳定、保证技术的安全。

（2）对科研人员的激励

技术创新是一个长期的系统工程，一项技术创新可能会经历几年甚至十几年的研究过程，一旦研究成功，其影响也是可以持续相当长时间的。对科研员工的激励就不能同一般员工的激励一样。一般员工是根据其完成任务的数量和质量来进行物质奖励的，如果也采取这样的方式奖励科研人员，只有科研有了成果才奖励，那么这样的奖励方式就是滞后的、失败的。由于科研人员是企业技术创新的基础，是企业保持和提升核心竞争力的保证，同时他们也是企业核心技术的掌握者，必须保证科研人员的相对稳定和极高的工作效率，才有利于企业的长远发展。对科研人员的奖励应该以长期奖励方式为主，对主要的科研人员应该参照高级管理人员的奖励方法，让他们参与企业的分红和分享企业的股份，只有这样才能真正调动科研人员的工作积极性，并保证他们的相对稳定性，为保护企业的核心技术和推进企业的技术创新提供保证。

（3）对普通员工的培训

企业的技术创新是一个全员参与的系统工程，企业的技术创新活动应该是一个由技术人员指导、全体员工参与其中的过程。这就不但要求高水平的科研人员，还需要有责任心和创新意识的员工。企业应该加强对普通员工的技术和技能培训，让他们了解更多的技术知识。这样不但有利于提高生产的效率，提高生产销售的质量，还有利于员工在采购、生产、销售、服务等各个阶段，从更加专业的角度发现存在的问题，提出解决的建议，为技术人员解决问题、改进技术提供第一手的资料，为技术创新提供方法和思路。

（4）对普通员工的激励

企业的一项技术创新并不是单一的一个技术成果，而是在不断地改进和革新现有技术的基础上发展来的，而科研人员不可能参与到多个方面的改进和革新，很多小的技术改进和技术革新都是一线的员工或销售人员完成的。企业还应该加大对普通员工技术革新的奖励，这种奖励应该是以物质奖励和精神奖励相结合的方式进行。可以给员工发放奖金，也可以员工的名字命名改革创新的技术。这样激励全员参与到企业技术的改进和革新中，不但提高了每个员工的价值，还能持续地提高企业的生产效率，对建立和提升企业核心竞争力有很重要的促进作用。

有了企业文化不等于企业就相应地具备了核心竞争力，要善于运用企业文化建设的成果，积极促使其向企业核心竞争力转化。

参考文献

[1]郦巍铭.现代人力资源管理［M］.杭州：浙江大学出版社.2017.

[2]张永华，苏静.人力资源管理［M］.西安：西北工业大学出版社.2017.

[3]龚一萍，周凌霄.人力资源管理［M］.武汉：武汉大学出版社.2017.

[4]陈葆华.现代人力资源管理［M］.北京：北京理工大学出版社.2017.

[5]魏迎霞，李华.人力资源管理［M］.开封：河南大学出版社.2017.

[6]齐义山，谢丽丽.人力资源管理［M］.西安：西安电子科技大学出版社.2017.

[7]钟凯.人力资源管理实务［M］.北京：北京理工大学出版社.2017.

[8]黄志伟.华为人力资源管理［M］.苏州：古吴轩出版社.2017.

[9]欧阳远晃，王子涵，熊晶远.现代人力资源管理［M］.长沙：湖南师范大学出版社.2018.

[10]刘娜欣.人力资源管理［M］.北京：北京理工大学出版社.2018.

[11]陈伟.腾讯人力资源管理［M］.苏州：古吴轩出版社.2018.

[12]林忠，金延平.人力资源管理·第5版［M］.沈阳：东北财经大学出版社.2018.

[13]张同全.人力资源管理［M］.沈阳：东北财经大学出版社.2018.

[14]游富相.酒店人力资源管理［M］.杭州：浙江大学出版社.2018.

[15]杨阳.EXCEL人力资源管理［M］.天津：天津科学技术出版社.2018.

[16]曹科岩.人力资源管理［M］.北京：商务印书馆.2019.

[17]祁雄，刘雪飞，肖东.人力资源管理实务［M］.北京：北京理工大学出版社.2019.

[18]刘燕，曹会勇.人力资源管理［M］.北京：北京理工大学出版社.2019.

[19]陈锡萍，梁建业，吴昭贤.人力资源管理实务［M］.北京：中国商务出版社.2019.

[20]蔡黛沙，袁东兵，高胜寒.人力资源管理［M］.北京：国家行政学院出版社.2019.

[21]徐艳辉，全毅文，田芳.商业环境与人力资源管理［M］.长春：吉林大学出版社.2019.

[22]李志.公共部门人力资源管理［M］.重庆：重庆大学出版社.2019.

[23]王晓艳，刘冰冰，郑园园.企业人力资源管理理论与实践［M］.长春：吉林人民出版社.2019.

[24]杨丽君，陈佳.人力资源管理实践教程［M］.北京：北京理工大学出版社.2020.

[25]温晶媛，李娟，周苑.人力资源管理及企业创新研究 [M].长春：吉林人民出版社.2020.

[26]杨宗岳，吴明春.人力资源管理必备制度与表格典范 [M].北京：企业管理出版社.2020.

[27]叶云霞.高校人力资源管理与服务研究 [M].长春：吉林大学出版社.2020.

[28]黄铮.一本书读懂人力资源管理 [M].北京：中国经济出版社.2020.

[29]张景亮.新时代背景下企业人力资源管理研究 [M].长春：吉林科学技术出版社.2020.

[30]张绍泽.人力资源管理六大模块实操全案 [M].中国铁道出版社.2020.